Firma electrónica y seguridad en Internet

FCOO004PO Formación complementaria

EF/FCOO004PO/MAYO/25

Anagrama «LUCHA CONTRA LA PIRATERÍA», propiedad de Unión Internacional de Escritores.

© Centro de Estudios ADAMS. Ediciones Valbuena
C/ Narciso Serra, 14
28007 Madrid
adamsediciones@adams.es
www.adams.es

ISBN: 978-84-1077-421-6
Depósito legal: M-12221-2025
Editado en mayo de 2025
Imprime: Ediciones Valbuena, S.A.
Impreso en España. Printed in Spain

Presentación

Comprometidos por ofrecer una propuesta formativa ajustada a las necesidades de la sociedad y del mercado de trabajo, Ediciones Valbuena presenta este manual para la Especialidad formativa de **Firma electrónica y seguridad en Internet**, perteneciente a la Familia profesional de **Formación complementaria**.

Esta **Especialidad Formativa**, con una duración asociada de 30 horas, se integra en el Catálogo de especialidades con el código **FCOO004PO**.

En la elaboración de los contenidos hemos pretendido garantizar la **adquisición, mejora y actualización de las competencias profesionales** requeridas en el mercado laboral, así como fomentar el **aprendizaje**.

En nuestra página web **www.adams.es** estarás al día de todo en cuanto a información sobre cursos, productos y servicios se refiere, además tendrás la opción de dirigirnos cualquier consulta o sugerencia a través de **adams@adams.es**

Esperando haber cumplido el objetivo propuesto, te expresamos nuestros mejores deseos de éxito.

Ediciones Valbuena

Índice

Test de Unidades

Iconos de Información

Definición

Recuerda

Ejemplo

Nota

Importante

Más información

Resumen

Marco legal

UNIDAD DIDÁCTICA 1

Firma digital. Certificado digital

Contenido & Objetivos

Introducción

1. El certificado digital

2. La firma electrónica

3. Incorporación de la sociedad a las NNTT de la Información y las Comunicaciones (TIC)

Resumen

Los **objetivos** de esta unidad son:

1. Conocer qué es, en qué consiste y cómo podemos obtener un certificado digital.

2. Saber que el elemento fundamental es la firma digital.

3. Ver la creación de los instrumentos capaces de acreditar la identidad de los intervinientes en las comunicaciones electrónicas y asegurar la procedencia y la integridad de los mensajes intercambiados, a través del Documento Nacional de Identidad electrónico.

Introducción

La obtención del **DNI electrónico** lleva asociada la correspondiente obtención de los **certificados electrónicos de autenticación y de firma electrónica**.

El certificado de autenticación tiene como finalidad garantizar electrónicamente la identidad del ciudadano al realizar una transacción telemática.

El propósito del certificado de firma es facilitar al ciudadano la firma de trámites o documentos; este certificado cualificado según ETSI, la RFC3739, el Reglamento (UE) 910/2014, de 23 de julio (eIDAS), relativo a la identificación electrónica y los servicios de confianza en las transacciones electrónicas en el mercado interior, y la Ley 6/2020, de 11 de noviembre, reguladora de determinados aspecto de los servicios electrónicos de confianza (deroga la Ley 59/2003, de 19 de diciembre, de firma electrónica, así como los preceptos incompatibles con el Reglamento eIDAS), permite sustituir la firma manuscrita por la electrónica en las relaciones del ciudadano con terceros.

1. El certificado digital

1.1. Concepto

En nuestro entorno, y con la finalidad de garantizar quién es el emisor y el receptor de un mensaje, existe la necesidad de la **identificación** en el ámbito virtual, resultando imprescindible la identificación electrónica como requisito básico para una Administración segura. Nos encontramos con antecedentes históricos como Internet y su problemática jurídica, desde el punto de vista de la seguridad y la regulación jurídica, hoy en día superados en gran parte, si bien en la vida ordinaria se le da un valor de entrada incuestionable a la firma manuscrita y reconocemos su validez de forma inmediata mediante la comprobación del Documento Nacional de Identidad o aquel que acredite que una persona es quien dice ser. La regulación actual de la firma electrónica en España va más allá, en la vida real son muchas las situaciones en las que es necesario:

⇨ Acreditar la autoría de documentos.

⇨ Dar conformidad al contenido de un documento y al inicio de un trámite.

⇨ Identificar a uno mismo y a terceros.

⇨ Asegurar la confidencialidad de comunicaciones y datos.

Estas situaciones se resuelven principalmente con herramientas como la firma manuscrita y los documentos acreditativos: DNI, pasaporte, etc. En la medida que el mundo electrónico es un reflejo del físico las necesidades de identificación, consentimiento, confidencialidad, etc., por tanto, es necesario incorporar **mecanismos** que realicen estas funciones:

1. Firma electrónica.

2. Certificados digitales.

3. Cifrado de datos y comunicaciones.

 Trámites online con las Administraciones Públicas, banca por Internet o móvil, facturación electrónica, etc.

Con estos mecanismos podemos conseguir:

⇨ **Autenticidad**: el emisor y/o receptor es quien dice ser.

⇨ **Integridad**: la información no ha sido modificada por alguien no autorizado.

⇨ **Confidencialidad**: la información no se revela a nadie no autorizado.

⇨ **No repudio**: emisor y/o receptor no pueden negar haber participado en la comunicación.

Es más, de lo que muchas veces conseguimos en el mundo físico.

La **firma electrónica o digital** es un conjunto de datos electrónicos que identifican a una persona en concreto. Se une al documento que se envía por medio telemático, como si de la firma tradicional y manuscrita se tratara, de esta forma el receptor del mensaje está seguro de quién ha sido el emisor, así como que el mensaje no ha sido alterado o modificado.

Un **certificado digital o certificado electrónico** es un archivo informático que ha sido generado y firmado electrónicamente por prestadores de servicios de confianza, manera que relaciona a una persona o entidad con este documento. Uno de los certificados digitales más utilizados en España es el de la Fábrica Nacional de Moneda y Timbre-Real Casa de la Moneda (FNMT).

El certificado digital de persona física le permitirá realizar trámites de forma segura con la Administración Pública y Entidades Privadas a través de Internet, como por ejemplo:

• Presentación y liquidación de impuestos.

• Presentación de recursos y reclamaciones.

- Cumplimentación de los datos del censo de población y viviendas.

- Consulta e inscripción en el padrón municipal.

- Consulta de multas de circulación.

- Consulta y trámites para solicitud de subvenciones.

- Consulta de asignación de colegios electorales.

- Actuaciones comunicadas.

- Firma electrónica de documentos y formularios oficiales.

1.2. Requisitos técnicos

Tradicionalmente, hemos buscado la emisión de mensajes de forma segura y que no sean interceptados por terceros. Los egipcios ya valoraban la encriptación de los mensajes mediante jeroglíficos; actualmente, la privacidad y los riesgos existentes por el acceso ilegítimo a la información hacen **imprescindible la incorporación de estos sistemas a nuestras comunicaciones**.

¿En qué consiste la criptografía?

Se trata de un conjunto de técnicas que permiten la **codificación de la información** de forma que solo pueda ser entendida por aquel a quien va dirigida.

Estas técnicas utilizan:

⇨ Una **clave secreta**.

⇨ Y **algoritmos**: pautas que indican cómo emplear esa clave para codificar la información.

A ese tipo de codificación de la información se le denomina **cifrado** y nos otorga confidencialidad.

Según el tipo de clave la criptografía se puede **clasificar** en:

⇨ **Criptografía simétrica**. Utiliza una única clave que deberán compartir el emisor y el receptor de la información.

⇨ **Criptografía asimétrica**. Utiliza dos claves:

- **Clave privada**: solo la ha de conocer el propietario.

- **Clave pública**: puede conocerla cualquiera.

Las dos claves están relacionadas de forma que:

⇨ Lo que se cifra con una solo se puede descifrar con la otra.

⇨ A partir de una no se puede obtener la otra.

Por lo tanto, la necesidad de la identificación en la actualidad hace imprescindible la implementación de estos sistemas, pero más avanzados, para ello necesitaremos un método de cifrado asimétrico, **un par de claves** (privada y pública).

A continuación, vemos el **procedimiento** de una función para el cálculo del *hash*, la SHA-1:

⇨ Partimos del mensaje original.

⇨ Se genera un resumen del mensaje representativo del mismo, con una función hash imposible de invertir. La función *hash* comprime un mensaje de longitud variable a uno de longitud fija y pequeña.

⇨ Este mensaje se cifra con la clave privada del usuario, enviando al destinatario tanto el mensaje original como el *hash* encriptado.

⇨ Cuando el destinatario recibe el mensaje firmado, hace un tratamiento doble.

⇨ Con respecto al mensaje original, calcula de nuevo el *hash* con el mismo método que en origen.

⇨ Con respecto al *hash*, lo descifra con la clave pública del usuario, con lo que tenemos otra vez el hash del documento.

⇨ Si el *hash* obtenido en recepción del documento original coincide con el descifrado que se generó en el emisor, podemos asegurar que todo el proceso de transmisión ha funcionado correctamente.

1.3. Obtención

Los certificados electrónicos se obtienen de **autoridades de certificación** o de los **prestadores de servicios de confianza**, por ejemplo, la ACCV (Agencia de Tecnología y Certificación Electrónica) o la Fábrica Nacional de Moneda y Timbre-Real Casa de la Moneda. En nuestro país hay innumerables prestadores de servicios de confianza de ámbito estatal, autonómico, privadas y profesionales. Dichas entidades actúan de terceros de confianza y garantizan la fiabilidad de la firma electrónica mediante el sistema de emisión y control de los certificados revocados.

Para obtener el certificado la persona física puede hacerlo de dos formas distintas: con acreditación presencial en una oficina (certificado software), o utilizando su DNIe (válido, no revocado, y disponiendo de lector).

A partir de ese instante se inicia un proceso de control del certificado emitido:

▶ **Período de validez**

⇨ Por motivos de seguridad los certificados tienen fecha de caducidad.

⇨ Es posible renovar un certificado antes de que caduque.

⇨ Antes de aceptar un certificado siempre se debe comprobar si está caducado o no:

• Normalmente los programas que utilizamos hacen esta comprobación por nosotros y si un certificado estuviera caducado nos lo indicarían.

• El periodo de validez de los certificados electrónicos será adecuado a las características y tecnología empleada para generar los datos de creación de firma. En el caso de los certificados reconocidos este periodo no podrá ser superior a cinco años.

La Ley 6/2020, de 11 de noviembre, reguladora de determinados aspectos de los servicios electrónicos de confianza, en su artículo 4 establece los requisitos de obtención de certificados de la siguiente forma:

1. Los certificados electrónicos se extinguen por caducidad a la expiración de su período de vigencia, o mediante revocación por los prestadores de servicios electrónicos de confianza en los supuestos previstos en el artículo siguiente.

2. El período de vigencia de los certificados cualificados no será superior a cinco años.

Dicho período se fijará en atención a las características y tecnología empleada para generar los datos de creación de firma, sello, o autenticación de sitio web.

▶ **Cómo comprobar la caducidad**

Dentro de la información del certificado figura la fecha en la que se emitió y la fecha en que deja de ser válido. Las razones por las que se **extingue un certificado** son las siguientes, según el artículo 5 de la Ley 6/2020, de 11 de noviembre, reguladora de determinados aspectos de los servicios electrónicos de confianza:

1. Los prestadores de servicios electrónicos de confianza extinguirán la vigencia de los certificados electrónicos mediante revocación en los siguientes supuestos:

a) Solicitud formulada por el firmante, la persona física o jurídica representada por este, un tercero autorizado, el creador del sello o el titular del certificado de autenticación de sitio web.

b) Violación o puesta en peligro del secreto de los datos de creación de firma o de sello, o del prestador de servicios de confianza, o de autenticación de sitio web, o utilización indebida de dichos datos por un tercero.

c) Resolución judicial o administrativa que lo ordene.

d) Fallecimiento del firmante; capacidad modificada judicialmente sobrevenida, total o parcial, del firmante; extinción de la personalidad jurídica o disolución del creador del sello en el caso de tratarse de una entidad sin personalidad jurídica, y cambio o pérdida de control sobre el nombre de dominio en el supuesto de un certificado de autenticación de sitio web.

e) Terminación de la representación en los certificados electrónicos con atributo de representante. En este caso, tanto el representante como la persona o entidad representada están obligados a solicitar la revocación de la vigencia del certificado en cuanto se produzca la modificación o extinción de la citada relación de representación.

f) Cese en la actividad del prestador de servicios de confianza salvo que la gestión de los certificados electrónicos expedidos por aquel sea transferida a otro prestador de servicios de confianza.

g) Descubrimiento de la falsedad o inexactitud de los datos aportados para la expedición del certificado y que consten en él, o alteración posterior de las circunstancias verificadas para la expedición del certificado, como las relativas al cargo.

h) En caso de que se advierta que los mecanismos criptográficos utilizados para la generación de los certificados no cumplen los estándares de seguridad mínimos necesarios para garantizar su seguridad.

i) Cualquier otra causa lícita prevista en la declaración de prácticas del servicio de confianza.

2. Los prestadores de servicios de confianza suspenderán la vigencia de los certificados electrónicos en los supuestos previstos en las letras a), c) y h) del apartado anterior, así como en los casos de duda sobre la concurrencia de las circunstancias previstas en sus letras b) y g), siempre que sus declaraciones de prácticas de certificación prevean la posibilidad de suspender los certificados.

3. En su caso, y de manera previa o simultánea a la indicación de la revocación o suspensión de un certificado electrónico en el servicio de consulta sobre el estado de validez o revocación de los certificados por él expedidos, el prestador de servicios electrónicos de confianza comunicará al titular, por un medio que acredite la entrega y recepción efectiva siempre que sea factible, esta circunstancia, especificando los motivos y la fecha y la hora en que el certificado quedará sin efecto.

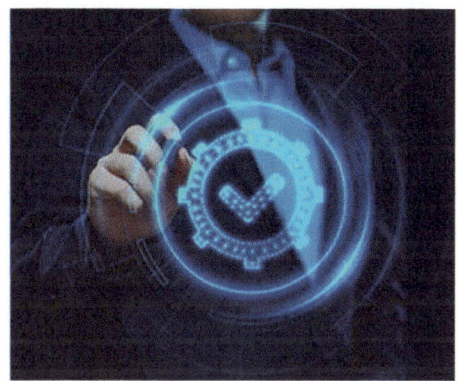

En los casos de suspensión, la vigencia del certificado se extinguirá si transcurrido el plazo de duración de la suspensión, el prestador no la hubiera levantado.

2. La firma electrónica

2.1. Concepto

La firma electrónica o digital es un **conjunto de datos electrónicos que identifican a una persona** en concreto. Se une al documento que se envía por medio telemático, **como si de la firma tradicional y manuscrita se tratara**, de esta forma el receptor del mensaje está seguro de quién ha sido el emisor, así como que el mensaje no ha sido alterado o modificado.

Mediante la implementación de la firma electrónica se genera un documento electrónico que será soporte de:

a) Documentos públicos, por estar firmados electrónicamente por funcionarios que tengan legalmente atribuida la facultad de dar fe pública, judicial, notarial o administrativa, siempre que actúen en el ámbito de sus competencias con los requisitos exigidos por la Ley en cada caso.

b) Documentos expedidos y firmados electrónicamente por funcionarios o empleados públicos en el ejercicio de sus funciones públicas, conforme a su legislación específica.

c) Documentos privados.

Los documentos electrónicos con firma electrónica tendrán el valor y la eficacia jurídica que corresponda a su respectiva naturaleza, de conformidad con la legislación que les resulte aplicable.

El soporte en que se hallen los datos firmados electrónicamente será admisible como prueba documental en juicio. Si se impugnara la autenticidad de la firma electrónica reconocida con la que se hayan firmado los datos incorporados al documento electrónico, se procederá a comprobar que se trata de una firma electrónica avanzada basada en un certificado reconocido, que cumple todos los requisitos y condiciones establecidos para este tipo de certificados, así como que la firma se ha generado mediante un dispositivo seguro de creación de firma electrónica. No se negarán efectos jurídicos a una firma electrónica que no reúna los requisitos de firma electrónica reconocida en relación a los datos a los que esté asociada por el mero hecho de presentarse en forma electrónica.

El uso de un usuario y contraseña (firma electrónica simple) en banca electrónica.

Las Administraciones Públicas, con el objeto de salvaguardar las garantías de cada procedimiento, podrán establecer condiciones adicionales a la utilización de la firma electrónica en los procedimientos. Dichas condiciones podrán incluir, entre otras, la imposición de fechas electrónicas sobre los documentos electrónicos integrados en un expediente administrativo. Se entiende por fecha electrónica el conjunto de datos en forma electrónica utilizados como medio para constatar el momento en que se ha efectuado una actuación sobre otros datos electrónicos a los que están asociados.

Todos los sistemas de identificación y firma electrónica están previstos en la Ley de Procedimiento Administrativo Común de las Administraciones Públicas y en la Ley de Régimen Jurídico del Sector Público tendrán plenos efectos jurídicos.

Existen otros certificados electrónicos como los de personas jurídicas. Pueden solicitar certificados electrónicos de personas jurídicas sus administradores, representantes legales y voluntarios con poder bastante a estos efectos. Los certificados electrónicos de personas jurídicas no podrán afectar al régimen de representación orgánica o voluntaria regulado por la legislación civil o mercantil aplicable a cada persona jurídica.

La custodia de los datos de creación de firma asociados a cada certificado electrónico de persona jurídica o, en su caso, de los medios de acceso a ellos será responsabilidad de la persona física solicitante, cuya identificación se incluirá en el certificado electrónico. Los datos de creación de firma solo podrán ser utilizados cuando se admita en las relaciones que mantenga la persona jurídica con las Administraciones Públicas o en la contratación de bienes o servicios que sean propios o concernientes a su giro o tráfico ordinario. Asimismo, la persona jurídica podrá imponer límites adicionales, por razón de la cuantía o de la materia, para el uso de dichos datos que, en todo caso, deberán figurar en el certificado electrónico.

Se entenderán hechos por la persona jurídica los actos o contratos en los que su firma se hubiera empleado dentro de los límites previstos en el apartado anterior. Si la firma se utiliza transgrediendo los límites mencionados, la persona jurídica quedará vinculada frente a terceros solo si los asume como propios o se hubiesen celebrado en su interés. En caso contrario, los efectos de dichos actos recaerán sobre la persona física responsable de la custodia de los datos de creación de firma, quien podrá repetir, en su caso, contra quien los hubiera utilizado.

2.2. Tipos de firma electrónica

El Reglamento eIDAS enumera en su art. 3, entre otras, las siguientes definiciones:

- **Firma electrónica**: datos en formato electrónico anejos a otros datos electrónicos o asociados de manera lógica con ellos que utiliza el firmante para firmar.

- **Firma electrónica avanzada**: firma electrónica que cumple los requisitos de estar vinculada al firmante de manera única, permitir la identificación del firmante, haber sido creada utilizando datos de creación de la firma electrónica que el firmante puede utilizar con un alto nivel de confianza y bajo su control exclusivo, y estar vinculada con los datos firmados por la misma de modo tal que cualquier modificación ulterior de los mismos sea detectable.

- **Firma electrónica cualificada**: firma electrónica avanzada que se crea mediante un dispositivo cualificado de creación de firmas electrónicas y que se basa en un certificado cualificado de firma electrónica.

- **Certificado de firma electrónica**: declaración electrónica que vincula los datos de validación de una firma con una persona física y confirma, al menos, el nombre o el seudónimo de esa persona.

- **Certificado cualificado de firma electrónica**: certificado de firma electrónica expedido por un prestador cualificado de servicios de confianza y que cumple los requisitos establecidos en el anexo I del Reglamento.

- **Documento electrónico**: todo contenido almacenado en formato electrónico, en particular, texto o registro sonoro, visual o audiovisual.

Ejemplo de uso de comunicación segura con firma electrónica:

Benito tiene un documento que quiere firmar y enviarlo a Alicia

Benito utiliza un programa y su clave PRIVADA para firmar el documento

Benito le envía por Internet el documento firmado a Alicia

Alicia recibe el documento firmado que le ha enviado Benito

Alicia utiliza un programa y la clave PÚBLICA de Benito para comprobar la firma del documento

Alicia sabe que Benito ha firmado el documento y que nadie lo ha modificado desde que lo firmó

Los documentos electrónicos públicos, administrativos y privados, tienen el valor y la eficacia jurídica que corresponda a su respectiva naturaleza, de conformidad con la legislación que les resulte aplicable.

La prueba de los documentos electrónicos privados en los que se hubiese utilizado un servicio de confianza no cualificado se regirá por lo dispuesto en el art. 326.3 de la LEC. Si el servicio fuese cualificado, se estará a lo previsto en el apartado 4 del mismo precepto (art. 3 de la Ley 6/2020, de 11 de noviembre).

Además, Reglamento eIDAS garantiza la **equivalencia jurídica** entre la firma electrónica cualificada y la firma manuscrita, pero permite a los Estados miembros determinar los efectos de las otras firmas electrónicas y de los servicios electrónicos de confianza en general. En este aspecto, se modifica la regulación anterior al atribuir a los documentos electrónicos para cuya producción o comunicación se haya utilizado un servicio de confianza cualificado una ventaja probatoria. Se simplifica la prueba, pues basta la mera constatación de la inclusión del citado servicio en la lista de confianza de prestadores cualificados de servicios electrónicos del art. 22 del Reglamento.

2.3. Empleo de la firma electrónica en las Administraciones Públicas

Se aplicará al uso de la firma electrónica en el seno de las Administraciones Públicas, sus organismos públicos y las entidades dependientes o vinculadas a las mismas y en las relaciones que mantengan aquellas y estos entre sí o con los particulares.

Cada Administración Pública determinará los sistemas de firma electrónica que debe utilizar su personal, los cuales podrán identificar de forma conjunta al titular del puesto de trabajo o cargo y a la Administración u órgano en la que presta sus servicios. Por razones de seguridad pública los sistemas de firma electrónica podrán referirse sólo el número de identificación profesional del empleado público.

El término autenticidad hace referencia a la cualidad de lo auténtico, lo acreditado como cierto. Lo auténtico es lo verdadero, no falso, por coincidir la realidad con la apariencia, desde el punto de vista formal, no respecto del contenido. Es decir, auténtico será aquel documento que se ha creado por una persona u órgano conocido y que no ha sido manipulado para simular otra cosa.

Una de las novedades más importantes de la Ley 39/2015 es la separación entre identificación y firma electrónica y la simplificación de los medios para acreditar una u otra, de modo que, con carácter general, solo será necesaria la primera y se exigirá la segunda cuando deba acreditarse la voluntad y consentimiento del interesado.

¿Qué sistemas podemos encontrar?

⇨ **Sistemas de identificación de los interesados en el procedimiento**

Las Administraciones Públicas están obligadas a verificar la identidad de los interesados en el procedimiento administrativo, mediante la comprobación de su nombre y apellidos o denominación o razón social, según corresponda, que consten en el Documento Nacional de Identidad o documento identificativo equivalente.

Los interesados podrán identificarse electrónicamente ante las Administraciones Públicas a través de los sistemas siguientes:

a) Sistemas basados en certificados electrónicos cualificados de firma electrónica expedidos por prestadores incluidos en la "Lista de confianza de prestadores de servicios de certificación".

b) Sistemas basados en certificados electrónicos cualificados de sello electrónico expedidos por prestadores incluidos en la "Lista de confianza de prestadores de servicios de certificación".

c) Cualquier otro sistema que las Administraciones públicas consideren válido en los términos y condiciones que se establezca, siempre que cuenten con un registro previo como usuario que permita garantizar su identidad y previa comunicación a la Secretaría General de Administración Digital del Ministerio de Asuntos Económicos y Transformación Digital. Esta comunicación vendrá acompañada de una declaración responsable de que se cumple con todos los requisitos establecidos en la normativa vigente. De forma previa a la eficacia jurídica del sistema, habrán de transcurrir dos meses desde dicha comunicación, durante los cuales el órgano estatal competente por motivos de seguridad pública podrá acudir a la vía juris-diccional, previo informe vinculante de la Secretaría de Estado de Seguridad, que deberá emitir en el plazo de diez días desde su solicitud.

Las Administraciones Públicas deberán garantizar que la utilización de uno de los sistemas previstos en las letras a) y b) sea posible para todo procedimiento, aun cuando se admita para ese mismo procedimiento alguno de los previstos en la letra c).

En relación con los sistemas de identificación previstos en la letra c) del apartado anterior, se establece la obligatoriedad de que los recursos técnicos necesarios para la recogida, almacenamiento, tratamiento y gestión de dichos sistemas se encuentren situados en territorio de la Unión Europea, y en caso de tratarse de categorías especiales de datos a los que se refiere el artículo 9 del Reglamento (UE) 2016/679, del Parlamento Europeo y del Consejo, de 27 de abril de 2016, relativo a la protección de las personas físicas en lo que respecta al tratamiento de datos personales y a la libre circulación de estos datos y por el que se deroga la Directiva 95/46/CE, en territorio español. En cualquier caso, los datos se encontrarán disponibles para su acceso por parte de las autoridades judiciales y administrativas competentes.

Los datos a que se refiere el párrafo anterior no podrán ser objeto de transferencia a un tercer país u organización internacional, con excepción de los que hayan sido objeto de una decisión de adecuación de la Comisión Europea o cuando así lo exija el cumplimiento de las obligaciones internacionales asumidas por el Reino de España.

En todo caso, la aceptación de alguno de estos sistemas por la Administración General del Estado servirá para acreditar frente a todas las Administraciones Públicas, salvo prueba en contrario, la identificación electrónica de los interesados en el procedimiento administrativo.

⇨ **Sistemas de firma admitidos por las Administraciones Públicas**

Los interesados podrán firmar a través de cualquier medio que permita acreditar la autenticidad de la expresión de su voluntad y consentimiento, así como la integridad e inalterabilidad del documento.

En el caso de que los interesados optarán por relacionarse con las Administraciones Públicas a través de medios electrónicos, se considerarán válidos a efectos de firma:

a)   Sistemas de firma electrónica cualificada y avanzada basados en certificados electrónicos cualificados de firma electrónica expedidos por prestadores incluidos en la "Lista de confianza de prestadores de servicios de certificación".

b) Sistemas de sello electrónico cualificado y de sello electrónico avanzado basados en certificados electrónicos cualificados de sello electrónico expedidos por prestador incluido en la "Lista de confianza de prestadores de servicios de certificación"

c) Cualquier otro sistema que las Administraciones Públicas consideren válido en los términos y condiciones que se establezca, siempre que cuenten con un registro previo como usuario que permita garantizar su identidad y previa comunicación a la Secretaría General de Administración Digital del Ministerio de Asuntos Económicos y Transformación Digital. Esta comunicación vendrá acompañada de una declaración responsable de que se cumple con todos los requisitos establecidos en la normativa vigente. De forma previa a la eficacia jurídica del sistema, habrán de transcurrir dos meses desde dicha comunicación, durante los cuales el órgano estatal competente por motivos de seguridad pública podrá acudir a la vía jurisdiccional, previo informe vinculante de la Secretaría de Estado de Seguridad, que deberá emitir en el plazo de diez días desde su solicitud.

Las Administraciones Públicas deberán garantizar que la utilización de uno de los sistemas previstos en las letras a) y b) sea posible para todos los procedimientos en todos sus trámites, aun cuando adicionalmente se permita alguno de los previstos al amparo de lo dispuesto en la letra c).

En relación con los sistemas de firma previstos en la letra c) del apartado anterior, se establece la obligatoriedad de que los recursos técnicos necesarios para la recogida, almacenamiento, tratamiento y gestión de dichos sistemas se encuentren situados en territorio de la Unión Europea, y en caso de tratarse de categorías especiales de datos a los que se refiere el artículo 9 del Reglamento (UE) 2016/679, del Parlamento Europeo y del Consejo, de 27 de abril de 2016, en territorio español. En cualquier caso, los datos se encontrarán disponibles para su acceso por parte de las autoridades judiciales y administrativas competentes.

Los datos a que se refiere el párrafo anterior no podrán ser objeto de transferencia a un tercer país u organización internacional, con excepción de los que hayan sido objeto de una decisión de adecuación de la Comisión Europea o cuando así lo exija el cumplimiento de las obligaciones internacionales asumidas por el Reino de España.

Cuando así lo disponga expresamente la normativa reguladora aplicable, las Administraciones Públicas podrán admitir los sistemas de identificación contemplados en esta Ley como sistema de firma cuando permitan acreditar la autenticidad de la expresión de la voluntad y consentimiento de los interesados.

Cuando los interesados utilicen un sistema de firma de los previstos en este artículo, su identidad se entenderá ya acreditada mediante el propio acto de la firma.

2.4. El DNI electrónico

2.4.1. Introducción

El Documento Nacional de Identidad (DNI), emitido por la **Dirección General de la Policía** (Ministerio del Interior), es el documento personal e intransferible que **acredita**, desde hace más de 50 años, la **identidad**, los **datos personales** que en él aparecen y la **nacionalidad** española de su titular, que goza de la protección que a los documentos públicos y oficiales otorgan las leyes.

A lo largo de su vida, ha ido evolucionado e incorporando las innovaciones tecnológicas disponibles en cada momento, con el fin de aumentar tanto la seguridad del documento como su ámbito de aplicación. Con la llegada de la sociedad de la información y la generalización del uso de Internet se hace necesario adecuar los mecanismos de acreditación de la personalidad a la nueva realidad y disponer de un instrumento eficaz que traslade al mundo digital las mismas certezas con las que operamos cada día en el mundo físico y que, esencialmente, son:

⇨ Acreditar electrónicamente y de forma indubitada la identidad de la persona.

⇨ Firmar digitalmente documentos electrónicos, otorgándoles una validez jurídica equivalente a la que les proporciona la firma manuscrita.

Para responder a estas necesidades nace el **Documento Nacional de Identidad electrónico** (DNIe), similar al tradicional y cuya principal novedad es que incorpora un pequeño circuito integrado (chip), capaz de guardar de forma segura información y de procesarla internamente. Debido a los cambios en la sociedad de la información, la Dirección General de la Policía lanzó en 2015 el **DNI 3.0**, cuya principal novedad es la incorporación de un chip con interfaz dual, permitiendo la conexión a través de hardware, así como de forma inalámbrica mediante NFC *(Near Field Comunication)*.

Para poder incorporar este chip, el Documento Nacional de Identidad cambia su soporte tradicional (cartulina plastificada) por una tarjeta de material plástico, dotada de nuevas y mayores medidas de seguridad. Esta **nueva versión** nos permite, además de su uso tradicional, acceder a los nuevos servicios de la sociedad de la información, que amplían nuestras capacidades de actuar a distancia con las Administraciones Públicas, con las empresas y con otros ciudadanos.

Podemos utilizarlo para:

⇨ Realizar compras **firmadas** a través de Internet.

⇨ Hacer **trámites completos** con las Administraciones Públicas a cualquier hora y sin tener que desplazarse ni hacer colas.

⇨ Realizar **transacciones seguras** con entidades bancarias.

⇨ **Acceder** al edificio donde trabajamos.

⇨ Utilizar de **forma segura nuestro ordenador personal.**

⇨ Participar en una **conversación por Internet** con la certeza de que nuestro interlocutor es quien dice ser.

A) Utilidades

El DNI electrónico es una oportunidad para acelerar la implantación de la sociedad de la información en España y situarnos entre los países más avanzados del mundo en la utilización de las tecnologías de la información y de las comunicaciones, lo que, sin duda, redundará en beneficio de todos los ciudadanos.

Tal y como recoge la Declaración de Prácticas de Certificación del DNI, los certificados electrónicos podrán utilizarse como:

- **Medio de autenticación de la identidad**: el Certificado de Autenticación (Digital Signature) asegura al titular, en la comunicación electrónica, acreditar su identidad frente a cualquiera.

- **Medio de firma electrónica de documentos**: mediante la utilización del Certificado de Firma *(non Repudition)*, el receptor de un mensaje firmado electrónicamente puede verificar la autenticidad de esa firma, pudiendo de esta forma demostrar la identidad del firmante sin que este pueda repudiarlo.

- **Medio de certificación de Integridad de un documento**: permite comprobar que el documento no ha sido modificado por ningún agente externo a la comunicación.

- **Documento de viaje**: tiene una estructura de datos equivalente al pasaporte. Puede realizar funciones de documento de viaje en los países que lo acepten como tal, y se permite su uso en los pasos rápidos de frontera (ABC systems) de forma totalmente equivalente a un pasaporte.

B) DNI 4.0 o Europeo

El DNI 3.0 ha actualizado su versión y se ha adaptado al nuevo estandarte europeo incorporando novedades interesantes en cuanto a la seguridad, imagen, usabilidad y portabilidad llevando su desarrollado al nuevo DNI electrónico 4.0, lo que permitirá homologar su diseño y algunas funciones en todos los países de la Unión Europea.

En agosto de 2021 se presentó oficialmente el nuevo **DNI 4.0. o DNI Europeo**, tras la aprobación del Reglamento (UE) 2019/1157, de 20 de junio, que acredita física y digitalmente la identidad personal del titular y permite la firma electrónica de documentos. Se ha establecido como fecha límite para la renovación el 3 de agosto de 2031.

Como novedades destacadas en cuanto a su aspecto físico, incorpora la denominación National Identity Card (DNI en inglés), incorpora la bandera de la UE junto a la del país emisor, y la foto es mayor.

El DNI 4.0 incorpora **ventajas digitales**, puesto que unas de sus novedades es que podrá ser llevado en el teléfono móvil. Además, su nuevo microchip puede almacenar electrónicamente la foto, firma y huellas dactilares, e incorpora tecnología contactless.

Marco legal aplicable:

- **Reglamento (UE) nº 910/2014 del Parlamento Europeo y del Consejo**, de 23 de julio de 2014, relativo a la identificación electrónica y los servicios de confianza para las transacciones electrónicas en el mercado interior y por la que se deroga la Directiva 1999/93/CE.

- **Ley 6/2020**, de 11 de noviembre, reguladora de determinados aspectos de los servicios electrónicos de confianza.

- **Ley Orgánica 3/2018**, de 5 de diciembre, de Protección de Datos Personales y garantía de los derechos fundamentales.

- **Reglamento (UE) 679/2016**, de 27 de abril, relativo a la protección de las personas físicas en lo que respecta al tratamiento de datos personales y a la libre circulación de estos datos.

- **Real Decreto 255/2025**, de 1 de abril, por el que se regula el Documento Nacional de Identidad.

2.4.2. Proceso de expedición

El ciudadano que desee obtener su DNI electrónico, y por tanto los certificados asociados, deberá acudir a una **Oficina de Expedición del DNI electrónico**.

A determinadas localidades sin Comisaría de Policía suele acudir un equipo móvil que se instala en el Ayuntamiento. Los ciudadanos residentes en estas localidades, y en localidades próximas, podrán obtener o renovar el DNI aportando los mismos documentos que en los equipos fijos. A los Ayuntamientos a los que se desplaza el equipo móvil les serán comunicadas, con la debida antelación, las fechas señaladas para las visitas al objeto de que, por los mismos, sean difundidas a los ciudadanos.

¿Qué se necesita para solicitarlo?

El Documento Nacional de Identidad se tramitará, en su formato físico y digital, conforme a la Ley 39/2015, de 1 de octubre, del Procedimiento Administrativo Común de las Administraciones Públicas. El Ministro de Interior, a través de la Dirección General de la Policía, recibirá la asistencia y colaboración requerida para su cumplimiento.

En este proceso se cumplirán los siguientes requisitos:

a) La tramitación del Documento Nacional de Identidad se realizará con la presencia física de la persona, a través de los sistemas de cita previa, en atención a los recursos humanos y materiales disponibles, igualmente, se podrá expedir con carácter excepcional sin cita previa, así como en colaboración con otras Administraciones Estatales, Autonómicas o Locales.

b) En caso de menores de edad, se llevará a cabo en presencia de quien tenga encomendada la patria potestad o tutela, medida de apoyo, o persona apoderada por estas últimas.<

c) La expedición o cualquier otro trámite relacionado con el Documento Nacional de Identidad conllevará el abono de la tasa legalmente establecida, sin perjuicio de las exenciones de tasas establecidas en conformidad con la legislación vigente.

d) Los documentos necesarios para la expedición del Documento Nacional de Identidad por primera vez, serán recabados electrónicamente, salvo que la persona interesada se opusiera a ello. Excepcionalmente, si las administraciones públicas no pudieran recabar los citados documentos, podrán solicitar nuevamente al interesado su aportación.

Los documentos necesarios para la expedición son los siguientes:

1. El documento acreditativo del Registro Individual de la persona que solicita el documento.

    Se consultará por la Dirección General de Policía, por medios electrónicos, la base de datos del Registro Civil, de conformidad con lo establecido en la Ley 20/2011, de 21 de julio, del Registro Civil, y la Ley 6/2021, de 28 de abril, por la que se modifica la Ley 20/2011, de 21 de julio, del Registro Civil, a los efectos de obtención del Registro Individual de la persona que solicita el documento de los datos necesarios para la expedición del Documento Nacional de Identidad.

2. Certificado o volante de empadronamiento del Ayuntamiento donde la persona solicitante tenga su domicilio, expedido con una antelación máxima de tres meses a la fecha de la tramitación del Documento Nacional de Identidad.

3. Las personas con nacionalidad española residentes en el extranjero acreditarán el domicilio mediante certificación de la Representación Diplomática o Consular donde estén inscritos como residentes, expedida con una antelación máxima de tres meses a la fecha de la tramitación del Documento Nacional de Identidad.

4. Una fotografía reciente del rostro de la persona solicitante en color, tamaño 32 por 26 milímetros, con fondo uniforme blanco y liso, tomada de frente, con la cabeza totalmente descubierta y sin gafas de cristales oscuros o cualquier otra prenda que pueda impedir o dificultar la identificación de la persona. Dicha fotografía podrá ser realizada de forma automatizada en aquellas Unidades de Documentación dotadas de ese recurso técnico.

e) Excepcionalmente, en los supuestos en los que, por circunstancias ajenas a la persona solicitante, no pudiera ser presentado alguno de los documentos necesarios o recabados electrónicamente, y siempre que los datos que consten en tales documentos se acrediten por otros medios, suficientes a juicio de la persona responsable de la Unidad encargada de la expedición, esta, estará facultada para expedir un Documento Nacional de Identidad con validez restringida, de conformidad con lo expuesto en el artículo 7.2.b).

f) El Documento Nacional de Identidad incluirá un medio de almacenamiento de alta seguridad que contendrá una imagen facial del titular del documento. Igualmente, se incluirán dos impresiones dactilares en formatos digitales interoperables, a excepción de los menores de seis años. Se tomarán las impresiones dactilares de los dedos índices de ambas manos a la persona interesada. Si no fuere posible obtener la impresión dactilar de alguno de los dedos o de ambos, se sustituirá, en relación con la mano que corresponda, por otro dedo según el siguiente orden de prelación: medio, anular o pulgar; consignándose, en el lugar del soporte destinado a tal fin, el dedo utilizado, o la imposibilidad de obtener alguno de ellos. Las personas a las que sea físicamente imposible quedarán exentas del requisito de facilitarlas.

g) Se recogerá igualmente, la firma manuscrita digitalizada que constará al menos de alguno de los siguientes elementos, nombre, apellidos, letras contenidas en estos y la rúbrica. Quedan excluidas las firmas que reflejen dibujos, pictogramas, figuras, caricaturas, acrónimos, leyendas o cualquier elemento que no guarde relación con su identidad, con los datos que figuren en el DNI ni sirvan para su identificación.

¿Qué debe hacer el solicitante?

En el momento de la solicitud, al interesado se le recogerán las **impresiones dactilares** de los dedos índices de ambas manos. Si no fuere posible obtener la impresión dactilar de alguno de los dedos o de ambos, se sustituirá, en relación con la mano que corresponda, por otro dedo según el siguiente orden de prelación: medio, anular o pulgar; consignándose, en el lugar del soporte destinado a tal fin, el dedo utilizado, o la imposibilidad de obtener alguno de ellos.

Finalizada la fase de gestión documental y la personalización física de la tarjeta, comenzará la fase de personalización lógica con la carga de datos en el chip de la tarjeta soporte (datos de filiación, imágenes digitalizadas de fotografía y de firma manuscrita, plantillas de las impresiones dactilares de un dedo de cada mano) y con la generación de los pares de claves asociados a los certificados de identidad y firma electrónica.

Una vez generadas las claves, se enviará una solicitud de certificación para cada par de claves (autenticación y firma), que irá acompañada de la prueba de posesión de la clave privada.

Todos los datos relacionados con el registro de certificación quedarán registrados en el sistema central, firmados con un certificado de firma electrónica que tiene como titular al funcionario responsable del puesto de expedición.

Los **españoles que, residiendo en el extranjero**, soliciten les sea expedido un Documento Nacional de Identidad deberán aportar, además de los mencionados, los siguientes documentos:

⇨ Partida de nacimiento expedida por el Consulado o Registro Civil donde esté inscrito, tal como se hace para todos los casos.

⇨ Certificado de acreditación de residencia, expedido a los solos efectos de obtener el DNI, por el Consulado español en donde figura inscrito, en el que se haga constar el número de inscripción Consular, país de residencia, localidad, calle y número en donde en dicho país esté domiciliado.

Los titulares de documentos expedidos con domicilio en el extranjero, tan pronto trasladen su residencia a España, aun cuando se trate de expediciones con validez permanente, deberán renovar dicho documento a efectos de actualización de domicilio.

2.4.3. Uso, expedición y seguridad

Además de lo visto hasta ahora, hemos de saber que su tamaño, por tanto, coincide con las dimensiones de las tarjetas de crédito comúnmente utilizadas (85,60 mm de ancho X 53,98 mm de alto).

¿Qué elementos contiene?

⇨ **Anverso**

En el anverso de la tarjeta se encuentran los siguientes elementos:

- Número y carácter de verificación personal e intransferible del Documento Nacional de Identidad.

- Apellidos y nombre.

- Fecha de nacimiento.

- Sexo.

- Nacionalidad.

- Emisión del documento.

- Validez.

- Número de soporte.

- Fotografía digitalizada.

- Firma manuscrita digitalizada.

⇨ **Reverso**

El reverso de la tarjeta contiene los siguientes elementos:

- Domicilio.

- Lugar de nacimiento.

- Nombre de los progenitores.

- Número de Equipo de la Unidad de Documentación.

- Tres líneas MRZ que contienen 30 caracteres OCR-B cada una.

- Chip electrónico.

⇨ **Elementos de seguridad**

La tarjeta soporte contiene un chip, como medio de almacenamiento de alta seguridad, donde se integran de forma separada:

1. Los certificados electrónicos cualificados que funcionan con un dispositivo cualificado de creación de firma electrónica, conforme al Reglamento (UE) 910/2014 del Parlamento Europeo y del Consejo, de 23 de julio de 2014, modificado por el Reglamento (UE) 2024/1183 del Parlamento Europeo y del Consejo, de 11 de abril de 2024, y de acuerdo con la Ley 6/2020, de 11 de noviembre, reguladora de determinados aspectos de los servicios electrónicos de confianza, garantizando la identidad del titular de la clave privada de identificación y firma, permitiendo la generación de la firma electrónica avanzada y cualificada. El Ministerio para la Transformación Digital y de la Función Pública, será el órgano de supervisión del cumplimiento de las obligaciones establecidas a la Dirección General de la Policía.

2. La fotografía, los datos personales del titular del documento y las dos impresiones dactilares en formatos digitales interoperables.

El plazo de validez de los certificados electrónicos contenidos en el Documento Nacional de Identidad será de dos años.

2.5. Versión digital del Documento Nacional de Identidad

2.5.1. Objetivos

El 2 de abril de 2025, se publicó en el BOE el Real Decreto 255/2025, de 1 de abril, por el que se regula el Documento Nacional de Identidad, que tiene como objeto la regulación del proceso de expedición, gestión y desarrollo del Documento Nacional de Identidad, en sus versiones física y digital, cuya finalidad es que la identidad de las personas debe establecerse dentro de un marco de seguridad jurídica que permita el reconocimiento y actuación de la ciudadanía de manera individual, y garantice la protección de sus derechos, desarrollando mecanismos de identificación y autenticación que proporcionen seguridad en sus relaciones con el sector público y privado.

La necesidad de que las personas se identifiquen por medios electrónicos con las Administraciones Públicas y el sector privado, simplificando el acceso a los mismos, debe ser proporcional al refuerzo en el empleo de las tecnologías de la información y las comunicaciones, tanto para mejorar la eficiencia de su gestión como para potenciar y favorecer las relaciones de colaboración y cooperación entre ellas.

Asimismo, esta necesidad consiste en incrementar la transparencia de la identificación y facilitar la participación de las personas en la administración electrónica del sector público y privado.

De igual forma, persigue garantizar un servicio de identificación fácilmente utilizable de modo que se pueda conseguir que la relación de la ciudadanía con la Administración sea fácil, intuitiva y efectiva cuando use el Documento Nacional de Identidad, en cualquiera de sus formatos, físico, electrónico o digital.

Por último, busca mejorar la seguridad jurídica, para garantizar a todas las personas intervinientes que sirva a los objetivos de mejorar la eficiencia administrativa para hacer efectiva una identificación totalmente electrónica o digital y garantizar a la ciudadanía servicios digitales fácilmente utilizables con una identificación con el Documento Nacional de Identidad de forma segura, en consonancia con el resto del ordenamiento jurídico nacional y de la Unión Europea.

2.5.2. Aspectos generales

El Ministerio del Interior, a través de la Dirección General de la Policía, será el responsable de la versión digital del Documento Nacional de Identidad, que se realizará a través de una infraestructura de identificación electrónica con un dispositivo móvil.

La Dirección General de la Policía establecerá una actuación administrativa automatizada para la obtención de la versión digital del Documento Nacional de Identidad, de manera electrónica, telemática o presencial, teniendo de forma alternativa la misma finalidad que el formato físico para la identificación de las personas.

El Documento Nacional de Identidad en su versión digital se generará siempre que la persona titular disponga de su documento físico vigente. Permitirá tener acceso a sus datos personales, usarlos y gestionarlos de forma segura, independientemente de su ubicación. La versión digital tendrá los mismos plazos de validez que la versión física, indicados en el artículo 7.

La utilización del Documento Nacional de Identidad en su versión digital tendrá la misma eficacia jurídica a efectos de identificación. Permitirá acreditar la identidad ante las autoridades, sus agentes y funcionarios públicos, así como en las relaciones con las Administraciones Públicas y con el sector privado.

El funcionamiento de la versión digital consiste en virtualizar el Documento Nacional de Identidad en el dispositivo móvil, a través de una comunicación segura, sin que se comprometa la garantía de la identidad segura que la legislación vigente atribuye al Documento Nacional de Identidad.

2.5.3. Qué es y cómo activarlo

El DNI digital se implantará en dos fases. Desde el 2 de abril de 2025, es posible utilizarlo en el móvil gracias a la **aplicación MiDNI**, que es libre y gratuita.. El usuario podrá identificarse de forma presencial con este documento, que tiene la misma validez que el DNI en formato físico, pero no podrá acreditar su identidad a través de Internet hasta el año 2026.

Las entidades pertenecientes al sector público y privado deberán adoptar en el plazo de doce meses desde esa fecha, las medidas necesarias para el buen funcionamiento de la versión digital del Documento Nacional de Identidad. Tras ese periodo transitorio de un año, la aplicación permitirá acreditar la identidad del ciudadano para realizar gestiones telemáticas, firma electrónica y otras operaciones a través de Internet.

¿Cómo obtener el DNI digital en tu teléfono móvil?

1º Regístrate por una de estas vías:

A) Online
en *www.midni.gob.es*
con tu **DNI electrónico**
y **lector de tarjetas.**

B) Presencial
en comisaría, utilizando un PAD*
o en Unidades de Documentación
de la Policía Nacional.

2º Descarga la App MiDNI

Android   iOS

3º Activa tu DNI digital

1. Introduce en la App
tu nº de DNI y el nº de soporte.**

2. Crea una **contraseña**
o elige algún **mecanismo biométrico.**

3. Inserta el código de verificación
que recibirás a través de un SMS.

* PAD: Puesto de Actualización de Documentación.
Es un dispositivo provisto de una pantalla táctil y de un teclado.

** Nº de soporte: código alfanumérico que identifica el documento físico.
Aparece en el anverso del DNI, debajo de la fecha de nacimiento.

⇨ **Para qué sirve**

El DNI digital se utiliza igual que el físico, no lo sustituye. El titular podrá acreditar su identidad para realizar trámites presenciales, ya sean jurídicos o administrativos, ante cualquier administración pública o entidad privada como, por ejemplo, ejercer su derecho al voto, relacionarse con los bancos, justificar su mayoría de edad, registrarse en un hotel, alquilar un vehículo, recoger paquetes o acceder a locales de espectáculos.

⇨ **Ventajas**

El DNI digital favorece la relación del titular con la administración pública y con el sector privado. El ciudadano no necesita llevar siempre el DNI físico y puede mostrar solo determinados datos del documento digital.

La App MiDNI incorporará el DNI en el móvil de su titular y genera un código QR que puede leerse mediante un dispositivo de captura. Solo se le solicitarán los datos que sea necesario verificar, por lo que se favorece la privacidad.

⇨ **Cómo obtenerlo**

Es necesario disponer de un **DNI en vigor** y de un **teléfono móvil** y completar dos fases: registrarse y descargar la App.

Registro previo: para poder utilizar la aplicación hay que **asociar el móvil al DNI en la plataforma oficial del Cuerpo Nacional de Policía**. El registro vincula la identidad del ciudadano a un único número de teléfono móvil. El dispositivo debe permitir la descarga de la aplicación MiDNI. Para realizar el registro es necesario que el DNI se encuentre en vigor y sus certificados electrónicos activos. Esta activación se puede realizar:

- Por Internet si el usuario dispone de DNI electrónico, a través de la web www.midni.gob.es, mediante un lector de tarjetas y las claves en vigor. Al introducir el DNI y acreditar la identidad obtiene un código por SMS para que pueda registrar su número de teléfono personal y asociarlo a su identidad.

- En cualquier comisaría de Policía utilizando un Puesto de Actualización de Documentación (PAD). El ciudadano debe introducir sus datos y su número de móvil y le llegará un SMS de registro.

- En las Unidades de Documentación de la Policía Nacional al ir a renovar el DNI. Un expedidor le ayudará a obtener el código de registro para asociarlo a su número de teléfono personal.

⇨ **Datos que muestra**

Una vez descargada, el usuario ya puede acceder a la aplicación y desbloquearla mediante la contraseña o biometría (imagen facial o huella dactilar). Al realizar la consulta, el titular del DNI podrá decidir qué datos quiere mostrar en función del uso que le quiera dar y del fin de la verificación de la identidad. Por seguridad, los datos solo permanecerán en pantalla durante un tiempo limitado.

Si quiere mostrar sus datos, deberá pulsar el botón 'Mostrar tu DNI' y aparecerá una nueva pantalla con tres opciones:

1. **DNI EDAD**: en esta opción se activará un código QR que acredita la mayoría de edad del portador e incluye su foto.

2. **DNI SIMPLE**: genera un código QR más detallado con el nombre completo, su foto, la fecha de nacimiento, el sexo y la validez del documento.

3. **DNI COMPLETO**: nos avisa antes de generar el correspondiente código QR de que vamos a compartir todos los datos del DNI.

En los tres casos, el código QR aparecerá durante unos segundos en pantalla y solo será válido durante ese periodo de tiempo. El código ha sido generado por Policía Nacional y garantiza que los datos son auténticos. La información se puede leer, pero no se puede copiar.

⇨ **Caducidad**

En la misma fecha que el DNI físico. Cuando el titular renueva el DNI físico, tiene que volver a activar el digital en su móvil.

3. Incorporación de la sociedad a las NNTT de la Información y las Comunicaciones (TIC)

3.1. Cuestiones generales

Hoy por hoy la sociedad se caracteriza por el uso generalizado de las **Tecnologías de la Información y la Comunicación (TIC)** en todas las actividades humanas y por una fuerte tendencia a la globalización económica y cultural.

El impacto que conlleva el nuevo marco globalizado del mundo actual y sus imprescindibles y poderosas herramientas TIC, provoca una profunda revolución en todos los ámbitos sociales.

Estamos ante una nueva cultura que:

⇨ Supone nuevas formas de ver y entender el mundo que nos rodea.

⇨ Ofrece nuevos sistemas de comunicación interpersonal de alcance universal.

⇨ Informa de "todo".

⇨ Proporciona medios para viajar con rapidez a cualquier lugar e instrumentos tecnificados para realizar nuestros trabajos.

⇨ Presenta nuevos valores y normas de comportamiento.

Este nuevo tipo de sociedad, que trata de definir las peculiaridades de una nueva era propiciada por los avances de las Tecnologías de la Información y la Comunicación, surge de la confluencia de cuatro importantes aspectos:

1. La relevancia que adquiere el conocimiento como factor determinante de la prosperidad y la calidad de vida.

2. El fenómeno de la globalización.

3. La facilidad con la que la tecnología posibilita el intercambio de información a velocidades y volúmenes cada vez mayores.

4. El grado con el que la cooperación informal a través de estructuras de redes, está reemplazando estructuras sociales y educativas más formales.

3.2. Aportaciones

Las aportaciones de las nuevas tecnologías a la actividad humana son:

1. Fácil acceso a todo tipo de información, especialmente a través de la televisión e Internet.

2. Comunicación instantánea con personas de cualquier parte del mundo. Incluso el idioma deja de ser una barrera, ya que, a través de programas informáticos, o en Internet, podemos encontrar traductores que nos trasladan la información en segundos al idioma que deseemos. Con el uso de los equipos adecuados se puede captar cualquier información y convertirla a cualquier formato para almacenarla o distribuirla.

3. Internet nos permite hacer casi todo lo que hacemos en el mundo real, en una realidad virtual.

4. Nos permite desarrollar nuevas actividades, contactar con foros y personas de todo el mundo, localizar inmediatamente cualquier tipo de información.

Esta evolución exige de todos los ciudadanos nuevas competencias personales, sociales y profesionales para poder afrontar los continuos cambios que imponen en todos los ámbitos los rápidos avances de la ciencia y la nueva economía global.

En esta unidad hemos visto:

1. El DNI electrónico es una tarjeta de un material plástico (concretamente policarbonato), que incorpora un chip con información digital y que tiene unas dimensiones idénticas a las del DNI tradicional. Su tamaño, por tanto, coincide con las dimensiones de las tarjetas de crédito comúnmente utilizadas (85,60 mm de ancho X 53,98 mm de alto).

2. La firma electrónica es el conjunto de datos en forma electrónica, consignados junto a otros o asociados con ellos, que pueden ser utilizados como medio para identificar al firmante. Al menos debe tener las mismas características que la firma manuscrita:

    a) Firmar un documento supone reconocer su contenido, que no puede modificarse con posterioridad (integridad).

    b) En un documento firmado debe poderse verificar con certeza la identidad del firmante (autenticidad).

    c) Nadie puede negar haber firmado un documento ante la evidencia de la firma (no repudio).

3. Un certificado digital o certificado electrónico es un archivo informático que ha sido generado y firmado electrónicamente por una entidad prestadora de servicios de certificación, de tal manera que relaciona a una persona o entidad con este documento y que viene normalmente apoyado en un trámite de presencialidad. Uno de los certificados digitales más utilizados en España es el de la Fábrica Nacional de Moneda y Timbre (FNMT), que permite identificarnos fehacientemente ante las administraciones españolas para presentar impuestos, declaraciones, etc.

UNIDAD DIDÁCTICA 2

Contenido y alcance

Introducción

1. Los orígenes de Internet

2. Efectos de las TIC en la Sociedad de la Información

3. Otras cuestiones relevantes

Resumen

Los **objetivos** de esta unidad son:

1. Descubrir los elementos más básicos de la Sociedad de la Información.

2. Saber qué es la Administración electrónica.

3. Conocer la legislación imprescindible para la aplicación y el uso de la Administración electrónica.

Introducción

Internet se ha convertido en un vehículo de transmisión e intercambio de todo tipo de información. Su incorporación a la vida económica y social ofrece innumerables ventajas, como la mejora de la eficiencia empresarial, el incremento de las posibilidades de elección de los usuarios y la aparición de nuevas fuentes de empleo, entre muchas otras.

1.   Los orígenes de Internet

Como muchos de los inventos realizados por el ser humano, Internet surgió del ingenio militar.

⇨ **Estamos en los años 60**. En plena guerra fría y como consecuencia del fortalecimiento del comunismo, las Fuerzas Aéreas de Estados Unidos pidieron a un reducido grupo de investigadores que creara una red de comunicaciones militares que pudiera resistir un ataque nuclear. Esta red debía estar descentralizada, de manera que pudiera seguir funcionando aunque se destruyeran uno o varios equipos. Así, en el hipotético caso de un ataque ruso, se podría tener acceso a la información militar desde cualquier punto del país.

⇨ **Más adelante, en agosto de 1969**, y ya al margen del proyecto militar, ARPA (Agencia de Proyectos de Investigación Avanzados) creó la red experimental ARPANET cuyo fin era conectar cuatro universidades. Actualmente, ARPANET es considerada la precursora de Internet. Dos años después, ya contaba con unos 40 ordenadores conectados. Tanto fue el crecimiento de la red que su sistema de comunicación se quedó obsoleto. Entonces dos investigadores crearon el Protocolo TCP/IP, que se convirtió en el estándar de comunicaciones dentro de las redes informáticas (actualmente seguimos utilizando dicho protocolo).

⇨ **En 1971**, Ray Tomlinson desarrolló un nuevo medio de comunicación: el correo electrónico. El contenido del primer correo electrónico fue: **QWERTYUIOP**.

⇨ **Para 1980** en el Centro Europeo de Investigaciones Nucleares **(CERN), Tim Berners Lee** dirigía la búsqueda de un sistema de almacenamiento y recuperación de datos. Berners Lee diseñó un sistema de navegación de hipertexto y desarrolló, con la ayuda de Robert Cailliau, un software denominado Enquire para la navegación.

⇨ **En 1985** la Internet ya era una tecnología establecida, aunque conocida por unos pocos.

⇨ El desarrollo de la red fue tal que **hacia el año 1990** ya contaba con alrededor de 100.000 servidores.

A finales de 1990, Berners Lee terminó el protocolo **HTTP** (Protocolo de transferencia de hipertexto) y el protocolo **HTML** (Lenguaje de marcado de hipertexto) para navegar por las redes a través de hipervínculos. **Así nació la World Wide Web**.

La nueva fórmula permitía vincular información en forma lógica y a través de las redes. El contenido se programaba en un lenguaje de hipertexto con "etiquetas" que asignaban una función a cada parte del contenido. Luego, un programa de computación, un intérprete, era capaz de leer esas etiquetas para desplegar la información. Ese intérprete sería conocido como **"navegador"** o *"browser"*.

⇨ **En 1993** Marc Andreesen produjo la primera versión del navegador **"Mosaic"**, que permitió acceder con mayor naturalidad a la WWW. La interfaz gráfica iba más allá de lo previsto y la facilidad con la que podía manejarse el programa abría la red a los legos. Poco después Andreesen encabezó la creación del programa **Netscape**.

A partir de entonces Internet comenzó a crecer más rápido que otro medio de comunicación, convirtiéndose en lo que hoy todos conocemos. Internet ha supuesto una revolución sin precedentes en el mundo de la informática y de las comunicaciones. Los inventos del telégrafo, teléfono, radio y ordenador sentaron las bases para esta integración de capacidades nunca antes vivida.

 Internet es a la vez una oportunidad de difusión mundial, un mecanismo de propagación de la información y un medio de colaboración e interacción entre los individuos y sus ordenadores independientemente de su localización geográfica.

2. Efectos de las Tecnologías de la Información y las Comunicaciones (TIC) en la Sociedad de la Información

2.1. Introducción

Nos encontramos, de un tiempo a esta parte, con una **transformación** del entorno en el que nos relacionamos.

¿Cómo se ha producido esa transformación?

⇨ Mediante una evolución de lo físico a lo virtual, la introducción de las nuevas tecnologías transformado la relación del hombre con el trabajo y la forma de relacionarse entre sí.

⇨ La aparición de los ordenadores supuso un salto cualitativo en cuanto a la optimización de recursos materiales y humanos, se han ido perfeccionando dentro de un entorno físico aumentando la producción y los resultados.

⇨ Pero la mayor revolución la ha aportado Internet, que poco a poco se ha ido incorporando. Superados los miedos y la inseguridad que generaba en la sociedad, hoy en día nadie se plantea la vida sin la existencia de Internet.

Nos hemos encontrado que la realidad superaba a la ficción y a la normativa. Actualmente nos comunicamos en tiempo real, realizamos transacciones comerciales a través de Internet, existe una deslocalización de los negocios, cualquier empresa con presencia en Internet puede vender sus productos a cualquier cliente potencial esté donde esté, por ello, los estados han realizado un gran esfuerzo en legislar y normativizar todo cuanto ha ido aconteciendo. Prueba de ello es la Directiva 2000/31/CE, del Parlamento Europeo y del Consejo, de 8 de junio, relativa a determinados aspectos de los servicios de la sociedad de la información, en particular, el comercio electrónico en el mercado interior (Directiva sobre el comercio electrónico), que incorpora parcialmente la Directiva 98/27/CE, del Parlamento Europeo y del Consejo, de 19 de mayo, relativa a las acciones de cesación en materia de protección de los intereses de los consumidores, al regular, de conformidad con lo establecido en ella.

2.2. ¿Qué significa?

Lo que la Directiva 2000/31/CE denomina "Sociedad de la Información" viene determinado por la **extraordinaria expansión de las redes de telecomunicaciones** y, en especial, de **Internet como vehículo de transmisión e intercambio de todo tipo de información**. Su **incorporación a la vida económica y social** ofrece innumerables ventajas, como la mejora de la eficiencia empresarial, el incremento de las posibilidades de elección de los usuarios y la aparición de nuevas fuentes de empleo.

Un concepto amplio es el de "servicios de la sociedad de la información", que engloba, además de la contratación de bienes y servicios por vía electrónica, el suministro de información por dicho medio (como el que efectúan los periódicos o revistas que pueden encontrarse en la Red), las actividades de intermediación relativas a la provisión de acceso a la Red, a la transmisión de datos por redes de telecomunicaciones, a la realización de copia temporal de las páginas de Internet solicitadas por los usuarios, al alojamiento en los propios servidores de información, servicios o aplicaciones facilitados por otros o a la provisión de instrumentos de búsqueda o de enlaces a otros sitios de Internet, así como cualquier otro servicio que se preste a petición individual de los usuarios (descarga de archivos de vídeo o audio...), siempre que represente una actividad económica para el prestador. Estos servicios son ofrecidos por los operadores de telecomunicaciones, los proveedores de acceso a Internet, los portales, los motores de búsqueda o cualquier otro sujeto que disponga de un sitio en Internet a través del que realice alguna de las actividades indicadas, incluido el comercio electrónico.

Si acudimos a la Real Academia Española de la Lengua no figura como término. La normativa española habla continuamente de la sociedad de la información, pero no la define exactamente, en definitiva podemos decir que es la **fluidez de información mediante cualquier medio de comunicación**, que permite al ciudadano, a la empresa y la Administración Pública estar informados y tener acceso a la información independientemente de la naturaleza de esta, utilizando todos los medios de transmisión entre el emisor y el receptor, incluso del propio objeto. Sin duda es la que nos permite estar en contacto con el resto del mundo entendido como una realidad global, que nos permite comunicarnos desde cualquier lugar los 365 días del año.

Que se encuentre indefinida responde a que hoy se encuentra en fase de desarrollo y madurez. Podemos afirmar que afecta diversos ámbitos tradicionales como el comercio, la seguridad, los sistemas de pago, las transacciones jurídicas, los derechos de autor, la protección de los datos, Internet, la propiedad intelectual, el transporte, etc. Responde a la necesidad de comunicación entre las personas facilitando no solo la comunicación sino las transacciones económicas.

2.3. Definición y evolución de las TIC

Se denominan **Tecnologías de la Información y las Comunicaciones (TIC)** al conjunto de tecnologías que permiten la adquisición, producción, almacenamiento, tratamiento, comunicación, registro y presentación de informaciones contenidas en señales de naturaleza acústica, óptica o electromagnética.

Las TIC forman parte de la cultura tecnológica que nos rodea y con la que convivimos de manera cada vez más natural. El uso extensivo y cada vez más integrado de las TIC es una característica y factor de cambio de la sociedad actual.

Las TIC son causa y consecuencia de las transformaciones estructurales que favorecen la transición de las sociedades industrializadas del mundo globalizado a sociedades de la información.

Todas las personas, sin ningún tipo de distinción, tendrán el poder efectivo de crear, recibir, compartir y utilizar la información y el conocimiento en cualquier medio de información, prescindiendo de las fronteras. Es decir, todas las personas que tengan acceso a las tecnologías, lo cual dependerá, en buena medida, de sus condiciones económico-sociales particulares.

2.4. Aportaciones y dificultades de las TIC

Desde su implantación, las TIC proporcionan a la sociedad una serie de **avances**:

1. **Fácil acceso a todo tipo de información**

   Sobre cualquier tema y en cualquier formato (textual, icónico, sonoro), especialmente a través de la televisión e Internet, pero también mediante el acceso a las numerosas colecciones de discos, bases de datos fotográficas, vídeos, etc.

2. **Instrumentos para todo tipo de proceso de datos**

   Los sistemas informáticos, integrados por ordenadores, periféricos y programas, nos permiten realizar cualquier tipo de proceso de datos de manera rápida y fiable: escritura y copia de textos, cálculos, creación de bases de datos, tratamiento de imágenes, etc. Para ello disponemos de programas especializados: procesadores de textos, editores gráficos, hojas de cálculo, gestores de bases de datos, editores de presentaciones multimedia y de páginas web.

3. **Canales de comunicación inmediata**

   Sincrónica y asíncrona, para difundir información y contactar con cualquier persona o institución del mundo mediante la edición y difusión de información en formato web, el correo electrónico, los servicios de mensajería inmediata, los fórums telemáticos, las videoconferencias...

4. **Almacenamiento de grandes cantidades de información**

   En pequeños soportes de fácil transporte (discos, tarjetas, redes).

5. **Automatización de tareas**

   Mediante la programación de las actividades que queremos que realicen los ordenadores, que constituyen el cerebro y el corazón de todas las TIC. Esta es una de las características esenciales de los ordenadores, que en definitiva son "máquinas que procesan automáticamente la información siguiendo las instrucciones de unos programas".

6. **Interactividad**

Los ordenadores nos permiten "dialogar" con programas de gestión, video-juegos, materiales formativos multimedia, sistemas expertos específicos, etc. Esta interacción es una consecuencia de que los ordenadores sean máquinas programables y sea posible definir su comportamiento determinando las respuestas que deben dar ante las distintas acciones que realicen ante ellos los usuarios.

7. **Homogeneización de los códigos**

Empleados para el registro de la información mediante la digitalización de todo tipo de información: textual, sonora, icónica y audiovisual. Con el uso de los equipos adecuados se puede captar cualquier información, procesarla y finalmente convertirla a cualquier formato para almacenarla o distribuirla.

8. **Instrumento cognitivo**

Que potencia nuestras capacidades mentales y permite el desarrollo de nuevas maneras de pensar.

Por su parte, la implantación de las TIC presenta una serie de **frenos**:

a) **Problemáticas técnicas**: incompatibilidades entre diversos tipos de ordenador y sistemas operativos, el ancho de banda disponible para Internet, la velocidad de los procesadores para realizar algunas tareas.

b) **Falta de formación**: se va avanzando en este aspecto, pero subsiste la necesidad de que la sociedad en general posea unos conocimientos teóricos y prácticos, aptitudes y actitudes favorables a la utilización de estas nuevas herramientas (alfabetización en TIC).

c) **Problemas de seguridad**: circunstancias como el riesgo de que se produzcan accesos no autorizados a los ordenadores de las empresas que están conectados a Internet y el posible robo de los códigos de las tarjetas de crédito al comprar en las tiendas virtuales, frena la expansión del comercio electrónico y de un mayor aprovechamiento de las posibilidades de la Red.

d) **Barreras económicas**: a pesar del progresivo abaratamiento de los equipos y programas informáticos, su precio aún resulta prohibitivo para muchas familias. Además, su rápido proceso de obsolescencia aconseja la renovación de los equipos y programas cada cuatro o cinco años.

e) **Barreras culturales**: el idioma dominante en este aspecto es el inglés, en el que vienen muchas referencias e informaciones de Internet y, aunque se avanza también en este aspecto, queda camino por recorrer; la tradición en el uso de instrumentos tecnológicos avanzados (inexistente en muchos países poco desarrollados), etc.

2.5. Integración de las TIC

Las TIC agrupan un conjunto de sistemas necesarios para administrar la información, y especialmente los ordenadores y programas necesarios para convertirla, almacenarla, administrarla, transmitirla y encontrarla.

La integración de las TIC en la sociedad de la información se realiza a través de tres elementos:

⇨ **Sociedad**: las personas en cada una de sus actividades son los verdaderos protagonistas de esta nueva era. Los beneficios de la tecnología para la competitividad de las empresas y la calidad de vida de las personas son indudables, lo que está impulsando una aceleración de nuevos cambios y avances. Si definimos el factor multiplicador para la sociedad como el número de veces que una tecnología ha mejorado los resultados frente a los procedimientos anteriores, la combinación de los tres anteriores elementos genera un factor multiplicador jamás imaginado.

⇨ **Información**: en la sociedad actual, cada vez son más relevantes aquellos conocimientos que requieren un determinado modelo mental y unos procesos basados en la creatividad, las ideas y la innovación. Es importante aquella información que es de difícil transmisión y comunicación, dado que se basa en la experiencia y en el saber hacer.

⇨ **Tecnología**: si hubiese que definirla con un único vértice del triángulo, la mayoría de nosotros elegiríamos el de la tecnología. Sin embargo, la espectacular evolución tecnológica no debe hacernos olvidar que se trata simplemente de un instrumento de la era de la información que evoluciona en conexión con el resto de elementos.

 Las TIC, fruto del desarrollo científico, influyen a su vez en su evolución, contribuyendo al desarrollo socioeconómico y modificando el sistema de valores vigente.

3. Otras cuestiones relevantes

3.1. Los ciudadanos y la Administración electrónica

La Ley 11/2007, de 22 de junio, de Acceso Electrónico de los Ciudadanos a los Servicios Públicos, supuso el empuje imprescindible para que las Administraciones y los ciudadanos puedan beneficiarse de la evolución de las tecnologías de la información. Además, gracias a esa evolución, es posible consagrar un nuevo derecho para el ciudadano, que no es otro que el poder relacionarse con las Administraciones por medios telemáticos.

Sin duda, constituyó una revolución en la concepción tradicional de relación con la Administración Pública. El ciudadano puede relacionarse con la Administración Pública desde cualquier espacio, solo necesita una conexión a Internet para consultar o realizar cualquier trámite. Esta ventaja es desconocida, pero a medida que los ciudadanos la vayan conociendo, nos podemos olvidar del vuelva usted mañana, pues podremos comunicarnos con la Administración los 365 días del año sin coste alguno, todo lo contrario evitaremos pedir permisos laborales para realizar trámites administrativos, suspender vacaciones por la entrega de una documentación en plazo.

En el entorno actual, la tramitación electrónica no puede ser todavía una forma especial de gestión de los procedimientos, sino que debe constituir la actuación habitual de las Administraciones. Porque una Administración sin papel basada en un funcionamiento íntegramente electrónico no solo sirve mejor a los principios de eficacia y eficiencia, al ahorrar costes a ciudadanos y empresas, sino que también refuerza las garantías de los interesados. En efecto, la constancia de documentos y actuaciones en un archivo electrónico facilita el cumplimiento de las obligaciones de transparencia, pues permite ofrecer información puntual, ágil y actualizada a los interesados.

⇨ **Creación marco jurídico**

La aplicación de las técnicas informáticas y electrónicas en el procedimiento administrativo, y en el resto de aspectos de relación del ciudadano con la Administración, no debe quedar en una mera transcripción o transposición de los procedimientos, sino todo debe ser **objeto de revisión** y sometido a un nuevo análisis desde el punto de vista de la innovación y la modernización que las nuevas técnicas ofrecen.

En ese contexto, la Ley se justificó en la creación de un **marco jurídico** que facilitaba la extensión y utilización de estas tecnologías. El principal reto que tiene la implantación de las Tecnologías de la Información y las Comunicaciones (TIC), en la sociedad en general y en la Administración en particular, es la generación de confianza suficiente que elimine o minimice los riesgos asociados a su utilización. La desconfianza nace de la percepción, muchas veces injustificada, de una mayor fragilidad de la información en soporte electrónico, de posibles riesgos de pérdida de privacidad y de la escasa transparencia de estas tecnologías.

En el entorno actual, la tramitación electrónica no puede ser todavía una forma especial de gestión de los procedimientos, sino que debe constituir la actuación habitual de las Administraciones. Una Administración sin papel basada en un funcionamiento íntegramente electrónico no solo sirve mejor a los principios de eficacia y eficiencia, al ahorrar costes a ciudadanos y empresas, sino que también refuerza las garantías de los interesados. En efecto, la constancia de documentos y actuaciones en un archivo electrónico facilita el cumplimiento de las obligaciones de transparencia, pues permite ofrecer información puntual, ágil y actualizada a los interesados.

⇨ **Novedades legislativas y legislación actual**

Por otra parte, la regulación de esta materia venía adoleciendo de un **problema de dispersión normativa y superposición de distintos regímenes jurídicos** no siempre coherentes entre sí, de lo que es muestra la sucesiva aprobación de normas con incidencia en la materia.

Ante este escenario legislativo, fue necesaria la aprobación de la Ley 39/2015, de 1 de octubre, del Procedimiento Administrativo Común de las Administraciones Públicas que profundiza en la agilización de los procedimientos con un pleno funcionamiento electrónico. Todo ello revertirá en un mejor cumplimiento de los principios constitucionales de eficacia y seguridad jurídica que deben regir la actuación de las Administraciones Públicas.

Una de las novedades más importantes de esta Ley es la implantación de una Administración Pública íntegramente electrónica e interconectada, facilitando las relaciones electrónicas de los ciudadanos y las empresas con la Administración, así como las comunicaciones electrónicas entre las Administraciones.

La Ley 39/2015, de 1 de octubre, deroga, entre otras, la citada Ley 11/2007, de 22 de junio (excepto aquellas previsiones relativas al registro electrónico de apoderamientos, registro electrónico, punto de acceso general electrónico de la Administración y archivo único electrónico, que han permanecido en vigor hasta el 2 de abril de 2021, cuando han quedado derogadas por el Real Decreto 203/2021, de 30 de marzo, por el que se aprueba el Reglamento de actuación y funcionamiento del sector público por medios electrónicos).

3.2. El papel de la ciudadanía en la Administración electrónica

Con el paso de los años, la administración electrónica está cada vez más consolidada en la sociedad española. La creación del entonces Ministerio de Energía, Turismo y Agenda Digital en noviembre del 2016 permitió avanzar aún más en la eAdministración. Así se demuestra con los datos recogidos en el informe de "La Sociedad en

RED" del **Observatorio Nacional de las Telecomunicaciones y de la Sociedad de la Información (ONTSI)**

Analizaremos de qué punto partimos, para ello resulta imprescindible analizar el número de usuarios que actualmente acceden a un equipo informático y cuántos de estos acceden a Internet según las fuentes del Ministerio anteriormente citado.

Según el informe de 2022, a nivel global, España ocupa el puesto 7 de los 27 UE, por delante de países como Alemania, Francia o Italia. Destaca la posición de España en el ámbito de la Administración electrónica, y, además, mejora en dos posiciones su ranking en los Servicios Públicos Digitales.

Existen numerosas razones por las que los españoles con necesidad de enviar algún formulario cumplimentado a las Administraciones Públicas aún no lo hacen a través de Internet. Entre ellas destacan el hecho de que lo tramitará otra persona en su nombre, por falta de habilidades o conocimientos, por estar preocupado por la protección y seguridad de los datos personales y por no disponer de firma o certificado electrónico.

No obstante, también podrán relacionarse los usuarios con otros canales de acceso establecidos en el art. 4 del Real Decreto 203/2021, de 30 de marzo, por el que se aprueba el Reglamento de actuación y funcionamiento del sector público por medios electrónicos, tales como los siguientes canales:

a) Presencial, a través de las oficinas de asistencia que se determinen.

b) Portales de internet y sedes electrónicas.

c) Redes sociales.

d) Telefónico.

e) Correo electrónico.

f) Cualquier otro canal que pueda establecerse de acuerdo con lo previsto en el art. 12 de la Ley 39/2015, de 1 de octubre.

Las Administraciones Públicas **asistirán en el uso de medios electrónicos** a los interesados no incluidos en los apartados 2 y 3 del art. 14 LPAC que así lo soliciten, especialmente en lo referente a la identificación y firma electrónica, presentación de solicitudes a través del registro electrónico general y obtención de copias auténticas.

Asimismo, si alguno de estos interesados no dispone de los medios electrónicos necesarios, su identificación o firma electrónica en el procedimiento administrativo podrá ser válidamente realizada por un funcionario público mediante el uso del sistema de firma electrónica del que esté dotado para ello. En este caso, será necesario que el interesado que carezca de los medios electrónicos necesarios se identifique ante el funcionario y preste su consentimiento expreso para esta actuación, de lo que deberá quedar constancia para los casos de discrepancia o litigio.

La Administración General del Estado, las Comunidades Autónomas y las Entidades Locales mantendrán actualizado un registro, u otro sistema equivalente, donde constarán los funcionarios habilitados para la identificación o firma regulada en este artículo. Estos registros o sistemas deberán ser plenamente interoperables y estar interconectados con los de las restantes Administraciones Públicas, a los efectos de comprobar la validez de las citadas habilitaciones.

En este registro o sistema equivalente, al menos, constarán los funcionarios que presten servicios en las oficinas de asistencia en materia de registros.

Sin duda, se abren puertas a **otras formas de relación con la Administración**. Claros son los esfuerzos realizados por la Administración para acercar a los ciudadanos a la ella, pero siempre desde la perspectiva de la figura del administrado, es imprescindible crear los mecanismos o vehículos válidos para que los ciudadanos puedan relacionarse con sus representantes democráticos en todo momento, y no solo a través del voto electrónico, establecer los cauces para lograr una participación activa de los ciudadanos en las instituciones y determinar los medios para que lleguen a los órganos democráticos de representación popular. Un ejemplo de ello lo tenemos en el Proyecto de Ley de Participación Ciudadana que está desarrollando en los diferentes puntos de nuestro país utilizando nuevas herramientas tecnológicas como Internet, blogs, foros y correo electrónico.

Se abre un debate en nuestra sociedad con el fin de aplicar las nuevas tecnologías en nuestra vida política, Internet supone una oportunidad para contribuir a una mayor participación de los ciudadanos, lo que no implica una participación instantánea, todo lo contrario, el objetivo es facilitar la toma de decisiones políticas en grupo, de otra forma supondría una paralización del ejercicio de gobierno, por lo tanto, habrá que diferenciar dos conceptos como son la e-democracia del e-gobierno. Tal como comentábamos anteriormente, la mayoría de las acciones radican desde la perspectiva de la aplicación de los recursos TIC a la Administración y el gobierno de los territorios, siendo un fin en sí, la agilidad de los procedimientos administrativos y la información al ciudadano de sus obligaciones y derechos, pero siempre desde la perspectiva del administrado.

Existen ejemplos de compromiso por parte de algunas Administraciones, decididas a crear los puentes necesarios para que la participación de la ciudadanía sea mayor, es el caso del anteproyecto de Ley de Participación Ciudadana de la Comunitat Valenciana que permite a los ciudadanos una comunicación recíproca y permite manifestar las iniciativas y sugerencias a los poderes públicos, así como garantizar el acceso a la información. Dicho anteproyecto prevé tanto la creación de espacios físicos como digitales, para poder hacer efectivos estos derechos del ciudadano, estableciendo sistemas de participación ciudadana.

La figura más interesante es el **jurado ciudadano** cuya función es valorar el resultado de una iniciativa concreta o un programa de actuación. Queda pendiente de realizar su desarrollo reglamentario, pero resultaría de lo más interesante que este sistema se apoyara en las nuevas tecnologías de forma que el ciudadano pudiera evaluar de forma directa las actuaciones de nuestra clase política, aunque si bien es cierto que el anteproyecto regula esta figura en un Tribunal compuesto por diez ciudadanos seleccionados por el órgano que haya llevado la iniciativa, incorporándose su informe a las memorias anuales de los distintos organismos.

Debemos analizar la situación actual desde la perspectiva que se merece, en 25 años, nuestra democracia ha evolucionado de una forma ostensiblemente notable incorporando las nuevas tecnologías del medio industrial a la vida social. Tal vez desde la madurez de nuestra sociedad y democracia, sea el momento de incorporar los avances de los recursos TIC en la misma y que el ciudadano pueda participar de una forma directa en la Administración del Estado mediante la utilización de sistemas telemáticos. La democracia no consiste en ser informados por nuestros representantes de las actuaciones que realicen, sino en que el ciudadano dentro de sus posibilidades pueda incidir de una forma más directa en la Administración de los recursos del Estado.

3.3.   Servicios web. Entornos de colaboración dirigidos a la ciudadanía

La web, al igual que Internet, ha ido evolucionando fuertemente, desde la **Web 1.0 original**: pasando por la **Web 2.0 o social** que fue la primera gran evolución, permitiendo el intercambio de información entre los distintos usuarios mediante redes sociales y blogs; la **Web 3.0 o semántica**, que cambia el cómo se accede a la información, y permite realizar búsquedas más precisas y mejorar la experiencia de los consumidores; la **Web 4.0 cerebral**, predictiva o activa, que actualiza e indexa la red, incorpora red móvil, accesibilidad, métodos predictivos, etc.; y la **Web 5.0 o sensorial** emotiva que incorpora emociones mediane dispositivos y herramientas que permitan reconocer sensaciones.

▶ **Web 3.0 o semántica**

La Web 3.0 es el término utilizado para describir una red informática en la que todos los datos están conectados y en la que todas las máquinas procesan el contenido de igual forma que los humanos, en la que los usuarios pueden interactuar mediante lenguaje natural y acceder al contenido de manera muy sencilla mientras que las máquinas interpretan el software procesando las peticiones con rapidez.

Se basa en ser una gran base de datos ordenada, comprensible y de fácil acceso. Se caracteriza por un acceso mucho más rápido y seguro, así como por una personalización con filtrado automático que evita contenidos no deseados.

▶ **Web 4.0 cerebral, predictiva o activa**

Hoy en día, los asistentes del mundo virtual (Cortana, Siri, Alexa, Google now...) constan de sistemas de aprendizaje automatizado y tienen un mayor entendimiento del lenguaje cotidiano.

Es la propia red la que propone acciones de forma contextual, basadas en nuestras preferencias.

▶ **Web 5.0 o sensorial emotiva**

- Ventajas:

  ⇨ Comunicación más sencilla.

  ⇨ Interactuación con muchas personas de cualquier parte.

  ⇨ Buscar información es más sencillo.

  ⇨ Posibilidad de contrastar grandes cantidades de información.

- Inconvenientes:

  ⇨ Gran resolución necesaria para usar todas las barras.

  ⇨ No hay nuevas facilidades respecto de la versión anterior.

Entre las distintas herramientas que se utilizan para compartir en la Web, se pueden destacar:

1. **Wikis**: un wiki, o una wiki, es un sitio cuyas páginas web pueden ser editadas por múltiples voluntarios a través del navegador. Los usuarios pueden crear, modificar o borrar un mismo texto que comparten. Wikipedia sería un buen ejemplo.

2. **Blogs**: un blog es un espacio web personal en el que su autor (puede haber varios autores autorizados) recopila cronológicamente textos o artículos, apareciendo primero el más reciente, donde el autor conserva siempre la libertad de dejar publicado lo que crea pertinente. Pero además es un espacio colaborativo donde los lectores también pueden escribir sus comentarios a cada uno de los artículos (entradas/post) que ha realizado el autor. La blogosfera es el conjunto de blogs que hay en Internet. Como servicio para la creación de blogs destacan WordPress y Blogger.

3. **Redes sociales**: sitios web donde cada usuario tiene una página donde publica contenidos y se comunica con otros usuarios. Ejemplos: Facebook, X, Instagram, entre otras. También existen redes sociales profesionales, dirigidas a establecer contactos dentro del mundo empresarial (LinkedIn, Xing...).

4. **Entornos para compartir recursos**: entornos que nos permiten almacenar recursos o contenidos en Internet, compartirlos y visualizarlos cuando nos convenga. Constituyen una inmensa fuente de recursos y lugares donde publicar materiales para su difusión mundial. Existen de **diversos tipos**, según el contenido que albergan o el uso que se les da:

   • **Documentos**: Google Drive y Office Web Apps (OneDrive), en los cuales podemos subir nuestros documentos, compartirlos y modificarlos.

   • **Videos**: YouTube, Vimeo... Contienen miles de vídeos subidos y compartidos por los usuarios.

   • **Fotos**: Picasa, Flickr, Instagram... Permiten disfrutar y compartir las fotos, al igual que tenemos la oportunidad de organizar las fotos con etiquetas, separándolas por grupos como si fueran álbumes, podemos seleccionar y guardar aparte las fotos que no queremos publicar.

   • **Almacenamiento online**: Google Drive.

   • **Presentaciones**: Prezi, Slideshare, Emaze.

   • **Plataforma educativa**: Moodle.

   • **Entornos para compartir conocimientos o trabajo colaborativo**: por ejemplo, el e-catalunya http://ecatalunya.gencat.cat que con su acción pretende facilitar la comunicación, el trabajo colaborativo y la difusión de conocimiento entre la ciudadanía, contribuyendo así al desarrollo de la Sociedad del Conocimiento en Cataluña. Este proyecto es una iniciativa de la Generalitat de Cataluña la cual ha creado las herramientas necesarias para que cada comunidad interactúe en un portal propio, que puede ser de acceso público o privado (solo para miembros registrados) y mediante herramientas de participación como blogs, foros, contenedores de documentos, wikis, calendarios, etc. Los portales cuentan además con utilidades (lista de correo, RSS, alertas automáticas de novedades, etc.) para facilitar la comunicación entre los miembros del grupo.

Los miembros de un portal pueden hacer aportaciones en las herramientas, responder y comentar las aportaciones de otros, adjuntar y descargar archivos, editar documentos comunes, enviar mensajes de correo simultáneos a toda la comunidad, etc. Cada portal cuenta con personal de administración y de moderación imprescindible para motivar la participación y organizar el conocimiento generado.

Pero todas estas herramientas en contra de ser algo complejo están facilitando el acceso de todos los sectores de la población a Internet y, por tanto, a lo que nos compete: la Administración electrónica. ¿Por qué? Muy sencillo, el beneficio que aportan de forma inmediata compensa al esfuerzo de adaptación al nuevo canal de comunicación, el hecho que una persona pueda hablar con su familia a miles de kilómetros hace que la población más mayor esté encontrando las ventajas de la sociedad de la información, la simplificación del proceso hace que en dos clics estemos en contacto a través del ordenador, el móvil, etc. Un ejemplo es la evolución del consumo a través de Internet.

3.4. La experiencia del usuario ciudadano. Los flujos de clics. Diferentes navegadores

Un navegador o navegador web (del inglés, *web browser*) es un programa que permite visualizar la información que contiene una página web (ya se encuentre alojada en un servidor dentro de la World Wide Web o en un servidor local).

El navegador interpreta el código, html generalmente, en el que está escrita la página web y lo presenta en pantalla permitiendo al usuario interactuar con su contenido y navegar hacia otros lugares de la red mediante enlaces o hipervínculos.

La funcionalidad básica de un navegador web es permitir la visualización de documentos de texto, posiblemente con recursos multimedia incrustados. Los documentos pueden estar ubicados en el ordenador en donde está el usuario, pero también pueden estar en cualquier otro dispositivo que esté conectado al ordenador del usuario o a través de Internet y que tenga los recursos necesarios para la transmisión de los documentos (un software servidor web).

El seguimiento de enlaces de una página a otra, ubicada en cualquier ordenador conectado a la Internet, se llama navegación, de donde se origina el nombre navegador (aplicado tanto para el programa como para la persona que lo utiliza, a la cual también se le llama cibernauta).

Hoy en día tenemos al alcance de nuestra mano toda la información posible mediante los navegadores y los buscadores unos más populares que otros, tal vez sea Google quien a través de una barra nos permite conectarnos y saber del mundo.

Dentro de un aumento general de las diferentes vías de conocimiento de la tienda virtual, la que adquiere, tras los buscadores, un papel más protagonista a lo largo del último ejercicio es la recomendación de otras personas, auge que podría estar relacionado, al menos en parte, con el propio auge de la Web.

Además del importante auge de la prescripción, actualmente se registra un uso más maduro y experimentado de canales de compra, como indican la importante cantidad de individuos que ya conocían de antes la página o la tenían guardada en favoritos. Por último, son muy relevantes también las diferentes formas de publicidad, tanto offline como online y directa o indirecta, incluyendo el uso del correo electrónico como forma de publicidad, en cuyos distintos tipos se ha duplicado o triplicado el porcentaje de internautas compradores que han llegado a conocer a través de este medio la tienda virtual en la que compraron.

La mayoría de los compradores accede finalmente a la dirección donde realiza las compras online a través de los buscadores generalistas. Como hemos observado anteriormente, existe un uso más maduro y experimentado de los canales de compra online. Un gran porcentaje de los compradores teclea directamente la dirección en el navegador lo que supone un aumento muy notable respecto a otros años.

3.5. Proceso de formación ciudadana ante los nuevos procesos de Administración electrónica

La mayoría de personas que tienen acceso a las nuevas tecnologías se han formado de modo autodidacta, sin formación reglada alguna (a excepción de los alumnos que han tenido acceso en sus aulas a equipos informáticos con regularidad como instrumento de aprendizaje). No obstante, la Administración ofrece cursos de **formación** a las partes que integran la Administración electrónica, el ciudadano y el funcionario, mediante planes de formación continua o de reciclaje.

Para ello, el Plan Avanza lleva años realizando acciones formativas en esta línea denominada eje de capacitación. Desde el Plan Avanza 2 se ha abordado esta capacitación desde **dos puntos de vista,** la persona como ciudadano que forma parte de la sociedad y la persona como trabajador que se integra en una empresa. En la vertiente de la persona como ciudadano, se presta especial atención al uso y la aceptación de las TIC y la utilización de los servicios digitales por parte de los ciudadanos en riesgo de exclusión digital y se fomenta la igualdad de género en la red. Por otro lado, en la vertiente de la persona como trabajador, se observa que el uso general de las TIC en las pequeñas empresas y las microempresas. Dada la importancia que representa este segmento de empresas en el tejido productivo y en la creación de empleo, resulta fundamental impulsar la penetración de las TIC en ellas mediante acciones específicas de capacitación y promoción.

⇨ **Capacitación ciudadanía**

- Capacitación tecnológica.

- Género.

- Mayores.

- Discapacitados.

- Infancia.

- Otros colectivos.

- Equipamiento y conectividad.

- Inmigrantes.

⇨ **Capacitación Pyme**

- Dinamización Pyme.

- Soluciones sectoriales.

- Formación.

- Equipamiento y conectividad.

3.6. El futuro de la Administración electrónica: dificultades y retos

Como estamos viendo, son claros los esfuerzos realizados por la Administración para acercar a los ciudadanos, es imprescindible crear los mecanismos o vehículos válidos para que los ciudadanos puedan relacionarse.

Un ejemplo de ello lo tenemos en el Proyecto de Ley de Participación Ciudadana que está desarrollando en los diferentes puntos de nuestro país (hay Comunidades Autónomas que ya la han desarrollado) utilizando nuevas herramientas tecnológicas como Internet, blogs, foros, email, emobile.

La publicación de la Ley 39/2015, de 1 de octubre, supone una revolución administrativa en cuanto a los procedimientos administrativos como consecuencia del continuo cambio social y de la necesidad por parte de la Administración Pública de una transformación digital para cumplir con los objetivos de eficacia, eficiencia e innovación tecnológica.

La **tramitación electrónica** debe constituir la actuación habitual de las Administraciones. Esta obligación general se desarrolla a lo largo de la Ley, estableciendo derechos y obligaciones concretos:

⇨ **Derecho y obligación de relacionarse electrónicamente con las Administraciones Públicas**. En este apartado distinguiremos los siguientes casos:

- Que se trate de una persona física. A este respecto la Ley mantiene el derecho a elegir la forma de relación con la Administración, ya sea por la vía telemática o por los medios convencionales.

- Otros colectivos. La Ley obliga a determinados colectivos a relacionarse con la Administración Pública por vía electrónica (artículo 14).

⇨ **Derechos de los ciudadanos como interesados**. Destacamos los siguientes:

- A comunicarse con las Administraciones Públicas a través de un Punto de Acceso General electrónico de la Administración.

- A ser asistidos en el uso de medios electrónicos en sus relaciones con las Administraciones Públicas.

- A la obtención y utilización de los medios de identificación y firma electrónica contemplados en esta Ley.

- Derecho a no aportar documentos que ya obren en las Administraciones Públicas. Se presumirá que la consulta es autorizada salvo que conste oposición expresa.

- Derecho a conocer el estado de tramitación de sus expedientes y a obtener copias de los documentos.

- Derecho a conocer los códigos de identificación de las unidades tramitadoras del procedimiento (artículo 66.1b).

La Administración establece **diversas medidas que pueden servir para la simplificación de trámites administrativos**:

⇨ Aplicar el principio de no requerir información en manos de la Administración.

⇨ Aceptación de declaraciones responsables de las empresas.

⇨ Mejorar la calidad en la elaboración de nueva normativa.

⇨ Mejorar las solicitudes y formularios.

El objetivo de estas es facilitar la actividad económica a partir de la reducción de las cargas, lo que redundará en una reducción de costes y de tiempo.

Las aplicaciones y sistemas de información utilizados para la instrucción por medios electrónicos de los procedimientos van a garantizar la tramitación ordenada de los expedientes y facilitar la simplificación y la publicidad de los procedimientos, de tal modo que permita al ciudadano, de forma sencilla, acceder a la información y servicios de su competencia, presentar solicitudes y recursos, realizar el trámite de audiencia cuando proceda, efectuar pagos o acceder a las notificaciones y comunicaciones.

La Administración está obligada a dictar resolución expresa en **todos los procedimientos** y a notificarla cualquiera que sea la forma de iniciación. Hay supuestos en los que la resolución consiste en la declaración de las circunstancias que concurran en cada caso, con indicación de los hechos producidos y las normas aplicables. Esto se produce en los casos de prescripción, renuncia del derecho, caducidad del procedimiento o desistimiento de la solicitud, así como desaparición sobrevenida del objeto del procedimiento.

En caso del procedimiento electrónico, la notificación de la terminación del procedimiento se hará también de forma electrónica, comunicando la decisión al interesado. Será el órgano competente de resolver el procedimiento el que deba identificarse y firmar la resolución (al igual que de forma tradicional) con su firma electrónica.

Además, la Ley 39/2015 prevé la posibilidad de resolución y notificación de la terminación del procedimiento de forma automatizada. Con ello se refiere a que se puede notificar la resolución de un procedimiento de forma desasistida, realizándolo el propio sistema, sin necesidad de que haya una mano humana detrás que lo esté indicando. Ello se puede realizar en determinados procedimientos, si se dan los requisitos exigidos para ello.

Sin duda es la traslación absoluta del sistema tradicional al virtual con todas las garantías.

Más recientemente, el Real Decreto 203/2021, de 30 de marzo, por el que se aprueba el **Reglamento de atención y funcionamiento del sector público por medios electrónicos**, persigue mejorar la eficiencia administrativa para hacer efectiva una Administración totalmente electrónica e interconectada. Se desarrolla y concreta el empleo de los medios electrónicos establecidos en las Leyes 39 y 40/2015, de 1 de octubre, para garantizar que los procedimientos administrativos se tramiten electrónicamente por la Administración y que la ciudadanía se relacione con ella por estos medios en los supuestos en que sea establecido con carácter obligatorio o aquellos lo decidan voluntariamente.

Se incrementa la transparencia de la actuación administrativa y la participación de las personas, se desarrollan el funcionamiento del Punto de Acceso General electrónico (PAGe), y la Carpeta ciudadana en el Sector Público Estatal, y se regula el contenido y los servicios mínimos a prestar por las sedes electrónicas y sedes electrónicas asociadas y el funcionamiento de los registros electrónicos.

El Reglamento persigue garantizar servicios digitales fácilmente utilizables de modo que se pueda conseguir que la relación del interesado con la Administración sea fácil, intuitiva y efectiva cuando use el canal electrónico, y busca mejorar la seguridad jurídica. Así, se elimina la superposición de regímenes jurídicos distintos.

En esta unidad nos hemos centrado en:

1. Las Tecnologías de la Información y las Comunicaciones han producido en los últimos años una transformación total del entorno en el que nos relacionamos. Lo que surgió en los años 60 como la red militar de comunicaciones ARPA, se convirtió a finales de los años 90, gracias a científicos como Tim Berners Lee (creador del protocolo HTTP -Protocolo de transferencia de hipertexto- y el protocolo HTML -Lenguaje de marcado de hipertexto- para navegar por las redes a través de hipervínculos) en la World Wide Web.

2. Internet se ha convertido en el vehículo de transmisión e intercambio de todo tipo de información, lo que ha afectado a todos los ámbitos de la sociedad y como no podía ser menos también a la Administración Pública que ha tenido que crear nuevas leyes para regular el acceso de los ciudadanos a las ella mediante medios electrónicos.

3. El primer paso y un empuje imprescindible en España lo que supuso la Ley 11/2007, de 22 de junio, de Acceso Electrónico de los Ciudadanos a los Servicios Públicos, que consagró un nuevo derecho para el ciudadano, el poder relacionarse con las Administraciones por medios telemáticos. Posteriormente, con el fin de unificar la normativa dispersa apareció

.../...

.../...

la Ley 39/2015, de 1 de octubre, del Procedimiento Administrativo Común de las Administraciones Públicas que profundiza en la agilización de los procedimientos con un pleno funcionamiento electrónico. Una de las novedades más importantes de esta Ley es la implantación de una Administración Pública íntegramente electrónica e interconectada, facilitando las relaciones electrónicas de los ciudadanos y las empresas con la Administración, así como las comunicaciones electrónicas entre las Administraciones. Asimismo, recientemente el Real Decreto 203/2021, de 30 de marzo, ha aprobado el Reglamento de actuación y funcionamiento del sector público por medios electrónicos.

4. Pero no solamente la aparición de Internet ha cambiado la Administración, también ha cambiado nuestras relaciones sociales.

5. La Web ha ido evolucionando a lo largo de los años, experimentando grandes cambios desde la Web original hasta hoy en día, que llega a ser capaz de analizar emociones mediante distintas herramientas que permiten reconocer sensaciones y predecir preferencias.

6. Todos conocemos o hemos oído hablar de Wikipedia, blogs, redes sociales como Facebook, X, Instagram, LinkedIn, entornos para compartir recursos como Google Drive, para compartir videos como YouTube, Vimeo, para compartir fotos Picasa, Flickr, Instagram... para compartir presentaciones como Prezi, Slideshare, Emaze o plataformas educativas como Moodle. Si a todo esto le unimos el auge del comercio electrónico nos encontramos con un verdadero cambio social.

UNIDAD DIDÁCTICA 3

Normativa reguladora

Contenido & Objetivos

Introducción

1. Normativa sobre Comercio Electrónico en España

2. Aspectos jurídicos del comercio electrónico

3. Obligaciones y responsabilidades en el comercio electrónico

4. Seguridad en las transacciones electrónicas

5. Medios de pago y procesos de cobro

6. Guía práctica de la contratación electrónica

Resumen

Los **objetivos** de esta unidad son:

1. Conocer el contexto de la seguridad jurídica.

2. Estudiar la normativa relacionada en España.

Introducción

Desde que se consolidó Internet como un medio de interconexión digital a nivel mundial los incidentes de seguridad relacionados con los sistemas informáticos se han multiplicado de manera alarmante. Esto, junto con la elevada e imparable dependencia de los sistemas de información, ha provocado una creciente necesidad de implantar mecanismos que reduzcan considerablemente los riesgos asociados a los incidentes y riesgos en el entorno de la seguridad informática.

1. Normativa sobre Comercio Electrónico en España

1.1. Cuestiones generales

En esta unidad vamos a empezar por definir el concepto de **seguridad jurídica**. Es un principio del Derecho, que significa la seguridad de que se conoce, o puede conocerse, lo previsto como prohibido, ordenado o permitido por el poder público. Este principio se basa en la "certeza del derecho", tanto en el ámbito de su publicidad como en su aplicación.

El comercio electrónico se define como cualquier modo de transacción o intercambio de información con contenido comercial, en la que las partes se comunican utilizando tecnologías de la información y la comunicación (TIC) en lugar de hacerlo por intercambio o contacto físico directo.

El **Servicio de Comercio Electrónico División de Infraestructura de Servicios para el Desarrollo y Eficiencia Comercial de Naciones Unidas (UNCTAD)** ofrece una definición amplia de comercio electrónico que incluye:

1. El uso de sistemas de comunicación basados en Internet.

2. El uso de sistemas de comunicación basado en no-Internet:

   - Pedidos telefónicos.

   - Televisión interactiva.

   - Correo electrónico.

   - Telefonía móvil y celular.

   - Redes electrónicas de uso privado usualmente organizadas por empresas y sus asociados para su propio beneficio.

Redes electrónicas de uso privado. Mientras que el comprador y el vendedor no se van a encontrar físicamente durante la transacción, sí se van a usar mecanismos de comunicación electrónica para establecer el contrato.

1.2. Relación de la normativa

En este ámbito, es importante tener en cuenta la diferente normativa aplicable al comercio electrónico:

⇨ **Ley 6/2020, de 11 de noviembre, reguladora de determinados aspectos de los servicios electrónicos de confianza**

Desde el 1 de julio de 2016 es de aplicación el Reglamento (UE) n.º 910/2014 del Parlamento Europeo y del Consejo, de 23 de julio de 2014, relativo a la identificación electrónica y los servicios de confianza para las transacciones electrónicas en el mercado interior y por el que se deroga la Directiva 1999/93/CE.

⇨ **Ley 34/2002, de 11 de julio, de servicios de la sociedad de la información y del comercio electrónico**

Es la norma reguladora del comercio electrónico y de otros servicios de Internet cuando sean parte de una actividad económica.

En ella se establecen determinadas obligaciones de información para aquellas empresas que realicen comercio electrónico y, asimismo, se regula la actividad publicitaria por vía electrónica. Estas obligaciones de información se ven ampliadas para aquellas empresas que celebren contratos por vía electrónica, con la finalidad de reducir la inseguridad jurídica de la operación.

⇨ **Ley 7/1996, de 15 de enero, de Ordenación del Comercio Minorista**

Esta Ley establece el régimen jurídico general del comercio minorista y regula determinadas ventas especiales y actividades de promoción comercial, sin perjuicio de las leyes dictadas por las Comunidades Autónomas en el ejercicio de las competencias en la materia.

Entendiendo como comercio minorista aquella actividad desarrollada profesionalmente con ánimo de lucro consistente en ofertar la venta de cualquier clase de artículos a los destinatarios finales de los mismos, utilizando o no un establecimiento.

⇨ **Ley 7/1998, de 13 de abril, de Condiciones Generales de la Contratación**

Esta norma pretende proteger la igualdad de los contratantes y se aplica a las cláusulas de **condiciones generales** que formen parte de contratos sujetos a la legislación española.

Son condiciones generales de la contratación las cláusulas predispuestas cuya incorporación al contrato sea impuesta por una de las partes, con independencia de la autoría material de las mismas, de su apariencia externa, de su extensión y de cualesquiera otras circunstancias, habiendo sido dictadas con la finalidad de ser incorporadas a una pluralidad de contratos.

⇨ **Real Decreto Legislativo 1/2007, de 16 de noviembre, por el que se aprueba el texto refundido de la Ley General para la Defensa de los Consumidores y Usuarios y otras leyes complementarias**

Este Real Decreto Legislativo cumple con la previsión recogida en la Disposición Final quinta de la Ley 44/2006, de 29 de diciembre, de mejora de la protección de los consumidores y usuarios, que habilita al Gobierno para que, en el plazo 12 meses, proceda a refundir en un único texto la Ley 26/1984, de 19 de julio, General para la Defensa de los Consumidores y Usuarios y las normas de transposición de las directivas comunitarias dictadas en materia de protección de los consumidores y usuarios que inciden en los aspectos regulados en ella, aclarando y armonizando los textos legales que tengan que ser refundidos.

1.3. Ley de servicios de la sociedad de la información y el comercio electrónico

Esta norma tiene como objeto la incorporación al ordenamiento jurídico español de la Directiva 2000/31/CE, del Parlamento Europeo y del Consejo, de 8 de junio, relativa a determinados aspectos de los servicios de la sociedad de la información, en particular, el comercio electrónico en el mercado interior (Directiva sobre el comercio electrónico). Asimismo, incorpora parcialmente la Directiva 98/27/CE, del Parlamento Europeo y del Consejo, de 19 de mayo, relativa a las acciones de cesación en materia de protección de los intereses de los consumidores, al regular, de conformidad con lo establecido en ella, una acción de cesación contra las conductas que contravengan lo dispuesto en esta Ley.

La **protección de los datos personales** en el sector de las telecomunicaciones electrónicas ha estado representada por ciertos ordenamientos jurídicos que a su vez han sido adaptados a las legislaciones nacionales de los países miembros de la Unión Europea. La evolución de las normas reguladoras en la Unión Europea, a través de la promulgación de directivas, han traído como consecuencia la adecuación de dichas normas a la normatividad local de las naciones que la conforman, por lo cual la proliferación de normas reguladoras de tan importante fenómeno como lo es el de las comunicaciones electrónicas, han propiciado, respecto a la protección de datos y a la intimidad de las personas, su regulación jurídica en la mayor parte de las naciones que forman parte de dicha Unión.

En el ámbito europeo, el Parlamento Europeo y el Consejo, con el objetivo de conseguir un marco uniforme de protección de datos en todos los Estados miembros de la Unión Europea, aprobaron en abril de 2016 el Reglamento (UE) 2016/679, del Parlamento Europeo y del Consejo, de 27 de abril, relativo a la protección de las personas físicas en lo que respecta al tratamiento de datos personales y a la libre circulación de estos datos y por el que se deroga la Directiva 95/46/CE. Este Reglamento es de aplicación desde el 25 de mayo de 2018.

En España, para adaptar el ordenamiento jurídico español al Reglamento (UE) 2016/679, de 27 de abril, se ha promulgado la nueva Ley de Protección de Datos Personales, la **Ley Orgánica 3/2018, de 5 de diciembre, de Protección de Datos Personales y garantía de los derechos digitales**. Esta Ley Orgánica, además de la adaptación al mencionado reglamento, tiene como objeto *"garantizar los derechos digitales de la ciudadanía conforme al mandato establecido en el art. 18.4 de la Constitución"*.

Según se establece en el artículo 19 de la Ley 34/2002, de 11 de julio, de servicios de la sociedad de la información y del comercio electrónico:

1. Las comunicaciones comerciales y las ofertas promocionales se regirán, además de por la presente Ley, por su normativa propia y la vigente en materia comercial y de publicidad.

2. En todo caso, será de aplicación la **Ley Orgánica 3/2018, de 5 de diciembre, de Protección de Datos Personales y garantía de los derechos digitales y Reglamento (UE) 2016/679, de 27 de abril** y su normativa de desarrollo.

1.4. Ley 6/2020, de 11 de noviembre, reguladora de determinados aspectos de los servicios electrónicos de confianza

La entrada en vigor de la Ley 6/2020, de 11 de noviembre, reguladora de determinados aspectos de los servicios electrónicos de confianza, conlleva la derogación de la Ley 59/2003, de 19 de diciembre, de firma electrónica, y el art. 25 de la Ley 34/2002, de 11 de julio, de servicios de la sociedad de la información y de comercio electrónico.

Asimismo, la Ley 6/2020, de 11 de noviembre, contiene **novedades y medidas** importantes, entre las que destacamos las siguientes:

⇨ Determina el régimen de los certificados electrónicos.

⇨ Establece su ámbito de aplicación, en el que quedan encuadrados los prestadores públicos y privados de servicios electrónicos de confianza establecidos en España, para los que se establece un régimen de obligaciones y responsabilidades.

⇨ Solo las personas físicas pueden hacer uso de la firma electrónica, por lo que los certificados de firma electrónica para personas jurídicas o entidades sin personalidad jurídica queda automáticamente eliminados. Estos solo podrán obtener sellos electrónicos.

De igual forma, se crean los certificados de sello electrónico y de autenticación de sitios web

⇨ En relación a los certificados cualificados de personas físicas, contendrán su DNI, NIE o NIF (siempre que la persona disponga de uno de ellos).

⇨ Los certificados cualificados de personas jurídicas o de entidades sin personalidad jurídica contendrán el NIF y su denominación social, y en el caso de que no tengan, un código único que conste en registros oficiales y que permita su identificación.

⇨ Se modifica la Ley de Enjuiciamiento Civil, al dotar de valor probatorio a los documentos electrónicos privados.

2. Aspectos jurídicos del comercio electrónico

Según se establece en el artículo 19 de la Ley 34/2002, de 11 de julio, de servicios de la sociedad de la información y del comercio electrónico:

⇨ Las comunicaciones comerciales y las ofertas promocionales se regirán, además de por la presente Ley, por su normativa propia y la vigente en materia comercial y de publicidad.

⇨ En todo caso, será de aplicación la Ley Orgánica 3/2018, de 5 de diciembre, de Protección de Datos Personales y garantía de los derechos digitales, y su normativa de desarrollo.

A esto habría que añadir que el 25 de mayo de 2018 entra en funcionamiento el Reglamento (UE) 2016/679 del Parlamento Europeo y del Consejo de 27 de abril de 2016 relativo a la protección de las personas físicas en lo que respecta al tratamiento de datos personales y a la libre circulación de estos datos y por el que se deroga la Directiva 95/46/CE (Reglamento general de protección de datos).

3. Obligaciones y responsabilidades en el comercio electrónico

Las obligaciones y responsabilidades en el comercio electrónico se encuentran recogidas en la Ley 34/2002, de 11 de julio, de servicios de la sociedad de la información y de comercio electrónico:

⇨ **Obligaciones de los prestadores de servicios**

Quien preste servicios sujetos a esta Ley, estará obligado a suministrar en su página web la siguiente información, siempre de forma permanente, fácil, directa y gratuita:

- Su nombre o denominación social; su residencia o domicilio o, en su defecto, la dirección de uno de sus establecimientos permanentes en España; su dirección de correo electrónico y cualquier otro dato que permita establecer con él una comunicación directa y efectiva.

- Los datos de su inscripción en el Registro Mercantil.

- En el caso de que su actividad estuviese sujeta a un régimen de autorización administrativa previa, los datos relativos a dicha autorización y los identificativos del órgano competente encargado de su supervisión.

- Si ejerce una profesión regulada deberá indicar:

    1. Los datos del Colegio profesional al que, en su caso, pertenezca y número de colegiado.

    2. El título académico oficial o profesional con el que cuente.

    3. El Estado de la Unión Europea o del Espacio Económico Europeo en el que se expidió dicho título y, en su caso, la correspondiente homologación o reconocimiento.

4. Las normas profesionales aplicables al ejercicio de su profesión y los medios a través de los cuales se puedan conocer, incluidos los electrónicos.

- El número de identificación fiscal que le corresponda.

- Cuando el servicio de la sociedad de la información haga referencia a precios, se facilitará información clara y exacta sobre el precio del producto o servicio, indicando si incluye o no los impuestos aplicables y, en su caso, sobre los gastos de envío.

- Los códigos de conducta a los que, en su caso, esté adherido y la manera de consultarlos electrónicamente.

 Además, se imponen unas obligaciones adicionales de información a quienes se haya atribuido un rango de numeración telefónica a servicios de tarificación adicional, exigiéndose consentimiento previo, informado y expreso del usuario para la descarga de programas informáticos que hagan la marcación.

⇨ **Responsabilidad**

La responsabilidad por la comisión de actos ilegales recae sobre la persona autora de los mismos, sin embargo, ante la dificultad de identificar al responsable directo, la responsabilidad se puede dirigir a quien facilita el espacio en su servidor o posibilita la transmisión de los datos ilegales.

Así, respecto a la responsabilidad por enlaces, o a la responsabilidad por alojamiento de datos de terceros (hosting) como ocurre con los titulares de blogs, foros, páginas web, redes sociales, etc., que permitan alojar información generada por terceros, la LSSI-CE establece que no serán responsables por la información almacenada a petición del destinatario, siempre que:

1. No tengan conocimiento efectivo de que la actividad o la información almacenada es ilícita o de que lesiona bienes o derechos de un tercero susceptibles de indemnización.

2. Si tienen conocimiento, que actúen con diligencia para retirar los datos o hacer imposible el acceso a ellos.

3. Que el destinatario del servicio no actúe bajo la dirección, autoridad o control de su prestador.

Por lo tanto, el titular no tiene una "obligación general" de supervisar todos los contenidos transmitidos o alojados, pero sí de actuar cuando tenga conocimiento efectivo de los hechos.

Se entiende que el prestador de servicios tiene el conocimiento efectivo no solo cuando un órgano competente haya declarado la ilicitud de los datos, sino también cuando recibe una notificación fehaciente y "el contenido de lo almacenado es en sí mismo tan revelador que su ilicitud es patente y evidente" (sentencia del Tribunal Supremo de 26 de febrero de 2013).

Asimismo, los artículos 20, 21 y 22 regulan la información exigida en las comunicaciones comerciales:

- **Artículo 20 Información exigida sobre las comunicaciones comerciales, ofertas promocionales y concursos**

    1. Las comunicaciones comerciales realizadas por vía electrónica deberán ser claramente identificables como tales, y la persona física o jurídica en nombre de la cual se realizan también deberá ser claramente identificable.

    2. En los supuestos de ofertas promocionales, como las que incluyan descuentos, premios y regalos, y de concursos o juegos promocionales, previa la correspondiente autorización, se deberá asegurar, además del cumplimiento de los requisitos establecidos en el apartado anterior y en las normas de ordenación del comercio, que queden claramente identificados como tales y que las condiciones de acceso y, en su caso, de participación sean fácilmente accesibles y se expresen de forma clara e inequívoca.

    3. Lo dispuesto en los apartados anteriores se entiende sin perjuicio de lo que dispongan las normativas dictadas por las Comunidades Autónomas con competencias exclusivas sobre consumo.

    4. En todo caso, queda prohibido el envío de comunicaciones comerciales en las que se disimule o se oculte la identidad del remitente por cuenta de quien se efectúa la comunicación o que contravengan lo dispuesto en este artículo, así como aquéllas en las que se incite a los destinatarios a visitar páginas de Internet que contravengan lo dispuesto en este artículo.

- **Artículo 21 Prohibición de comunicaciones comerciales realizadas a través de correo electrónico o medios de comunicación electrónica equivalentes**

    1. Queda prohibido el envío de comunicaciones publicitarias o promocionales por correo electrónico u otro medio de comunicación electrónica equivalente que previamente no hubieran sido solicitadas o expresamente autorizadas por los destinatarios de las mismas.

2. Lo dispuesto en el apartado anterior no será de aplicación cuando exista una relación contractual previa, siempre que el prestador hubiera obtenido de forma lícita los datos de contacto del destinatario y los empleara para el envío de comunicaciones comerciales referentes a productos o servicios de su propia empresa que sean similares a los que inicialmente fueron objeto de contratación con el cliente.

En todo caso, el prestador deberá ofrecer al destinatario la posibilidad de oponerse al tratamiento de sus datos con fines promocionales mediante un procedimiento sencillo y gratuito, tanto en el momento de recogida de los datos como en cada una de las comunicaciones comerciales que le dirija.

Cuando las comunicaciones hubieran sido remitidas por correo electrónico, dicho medio deberá consistir necesariamente en la inclusión de una dirección de correo electrónico u otra dirección electrónica válida donde pueda ejercitarse este derecho, quedando prohibido el envío de comunicaciones que no incluyan dicha dirección.

- **Artículo 22 Derechos de los destinatarios de servicios**

1. El destinatario podrá revocar en cualquier momento el consentimiento prestado a la recepción de comunicaciones comerciales con la simple notificación de su voluntad al remitente.

A tal efecto, los prestadores de servicios deberán habilitar procedimientos sencillos y gratuitos para que los destinatarios de servicios puedan revocar el consentimiento que hubieran prestado. Cuando las comunicaciones hubieran sido remitidas por correo electrónico, dicho medio deberá consistir necesariamente en la inclusión de una dirección de correo electrónico u otra dirección electrónica válida donde pueda ejercitarse este derecho, quedando prohibido el envío de comunicaciones que no incluyan dicha dirección.

Asimismo, deberán facilitar información accesible por medios electrónicos sobre dichos procedimientos.

2. Los prestadores de servicios podrán utilizar dispositivos de almacenamiento y recuperación de datos en equipos terminales de los destinatarios, a condición de que los mismos hayan dado su consentimiento después de que se les haya facilitado información clara y completa sobre su utilización, en particular, sobre los fines del tratamiento de los datos, con arreglo a lo dispuesto en la Ley Orgánica 15/1999, de 13 de diciembre, de protección de datos de carácter personal.

Cuando sea técnicamente posible y eficaz, el consentimiento del destinatario para aceptar el tratamiento de los datos podrá facilitarse mediante el uso de los parámetros adecuados del navegador o de otras aplicaciones.

Lo anterior no impedirá el posible almacenamiento o acceso de índole técnica al solo fin de efectuar la transmisión de una comunicación por una red de comunicaciones electrónicas o, en la medida que resulte estrictamente necesario, para la prestación de un servicio de la sociedad de la información expresamente solicitado por el destinatario.

4. Seguridad en las transacciones electrónicas

4.1. Introducción

La **seguridad informática** consiste en asegurar que los recursos del sistema de información de una organización se utilizan de la manera apropiada y que el acceso a la información contenida, así como su modificación, solo sea posible a las personas que se encuentren acreditadas y dentro de los límites de su autorización.

La vulnerabilidad de los datos utilizados en los medios informáticos es una de las principales preocupaciones de las personas que realizan operaciones comerciales a través de la Red.

Las compañías proveedoras de servicios de Internet y las empresas dedicadas a comercializar a través de la misma han solicitado, propuesto y desarrollado una serie de medidas de seguridad jurídicas y técnicas para evitar daños y perjuicios en sus sistemas de seguridad.

Dos casos comunes dentro de los servicios de la sociedad de la información son los siguientes:

⇨   Acceso indebido a información.

⇨   Introducción de virus informáticos.

 Ante los altos costos que significaba reparar los daños causados a las vulneradas fuentes de información electrónica, a finales de la década de los ochenta el Gobierno Federal de los Estados Unidos de América creó el Computer Emergency Response Team (CERT) como respuesta a la amenaza constante de la intromisión y los consecuentes daños a los sistemas informáticos.

4.2. Requisitos en las transacciones

En Internet, para que su celebración y aceptación tenga validez y despliegue sus efectos en cuanto a obligaciones, derechos y garantías para consumidores, usuarios y comerciantes, ha de cumplir los siguientes requisitos:

⇨ **Identificación**

Los comerciantes deberán poner a disposición de sus consumidores y usuarios información relativa a su identificación, medios de contacto o atención al cliente, así como aquella información específica relativa a la identificación de su actividad en los casos legalmente exigidos (licencias, colegiación, etc.).

⇨ **Características productos y servicios**

Deberá facilitarse a los consumidores información concreta acerca de las características de los productos y servicios objeto de comercialización.

⇨ **Costes**

En relación con los costes de la transacción, se deberá facilitar al consumidor el desglose claro y comprensible del precio total de la transacción, así deberá expresarse: precio del producto, impuestos, gastos de transporte, posibles gastos asociados al medio de pago, etc.

⇨ **Forma de pago y modalidades de entrega o ejecución**

Deberán especificarse las formas de pago que el comerciante pone a disposición del consumidor, especificando en cada caso el procedimiento de pago. Igualmente se facilitarán al consumidor las modalidades de entrega o ejecución previstas.

⇨ **Renuncia o desistimiento**

La normativa otorga al consumidor el derecho de desistimiento o renuncia del contrato durante el plazo de 7 días hábiles desde la entrega (aunque este plazo va a ser ampliado a 14 días con las modificaciones normativas previstas). Por ello, deberá facilitarse al consumidor información relativa al ejercicio de su derecho de desistimiento; procedimiento, condiciones, etc.

⇨ **Disponibilidad del documento contractual**

Se trata de un aspecto específico de la contratación electrónica, pues el comerciante deberá garantizar la puesta a disposición del consumidor del documento contractual, así como informar si va a proceder al archivo o mantenimiento del mismo, y las condiciones para su acceso, en su caso.

En estos casos, podrá acudirse a los denominados "Terceros de Confianza" cuyo principal objetivo es dotar de garantías de autenticidad y seguridad jurídica al documento contractual en caso de conflicto entre las partes, a través de la utilización de certificados de firma electrónica, sellados de tiempo en el almacenamiento de los documentos contractuales.

⇨ **Resolución de conflictos/adhesión a Códigos de Conducta**

En las condiciones de venta o documento contractual, el comerciante deberá informar acerca de los procedimientos previstos en caso de conflicto entre las partes (procedimientos extrajudiciales de resolución de conflictos, etc.) y si el mismo se encuentra adherido a algún Código de Conducta.

4.3. Riesgos comunes

Los riesgos comunes en el uso de Internet están relacionados con la protección de la información y va desde su conservación hasta el evitar su alteración o desaparición en un momento dado por causas ajenas al usuario o propietario de la misma.

Son tres aspectos que podrían considerarse como prioritarios para garantizar la seguridad de las comunicaciones realizadas a través de medios electrónicos:

a) La información debe mantenerse confiable hacia quienes la utilizan para que esta no presente alteraciones o pueda ser destruida.

b) La disponibilidad que deben los servicios de Internet para quienes lo requieran a todas horas del día.

c) El acceso, en cuanto a la necesidad de controlar los accesos a la información confidencial de que se trate para que solamente puedan hacerlo quienes tengan autorización para ello.

Aunque el uso generalizado de Internet representa un logro en el terreno de las comunicaciones, su carácter abierto y generalizado lo convierte en una plataforma para desarrollar cualquier tipo de actividad donde se incluye en alto porcentaje la actividad económica, específicamente el comercio electrónico.

Se requiere un nivel adecuado de seguridad que garantice las transacciones realizadas por la Red y que a su vez genere la confianza necesaria para poder explotar el potencial comercial latente que por ese medio existe.

La **confianza** es la base de toda relación mercantil, representa en todo caso un factor importante para la toma de decisiones y proporciona la seguridad necesaria para llevar a buen término la operación de que se trate. Sin embargo, cuando las operaciones de comercio se llevan a cabo por Internet el primer sentimiento que invade a las partes es el de la desconfianza aunque no por ello este mismo no pueda sentirse en las transacciones tradicionales realizadas en papel. Es por ello que la seguridad de la comunicación es parte básica de todo proceso llevado a cabo en la nueva sociedad de la información y aunque algunos autores debatan y digan que la seguridad absoluta no existe, lo cierto es que las medidas adoptadas a este momento, si bien no han sido suficientes ni amplias para regular tal aspecto, al menos han retomado fuerza e importancia dentro de los organismos públicos y privados que buscan las formas de implementar mejores medidas de seguridad cada día.

4.4. Recomendaciones para los usuarios

Es importante tener en cuenta una serie de pautas a la hora de hacer uso de las posibilidades del comercio electrónico.

Deberás estar atento a las siguientes cuestiones:

1. Comprueba que la página web donde compras es segura y contiene la identidad y la dirección de la empresa vendedora.

2. Identifica las características del producto o servicio, el precio y el coste del transporte, la forma de pago y la modalidad de entrega.

3. Antes de confirmar la compra, vigila que no haya opciones marcadas sobre la pantalla que puedan implicar gastos adicionales (seguros de viaje, envíos urgentes, donativos o aportaciones adicionales a la compra, etc.).

4. Asegúrate de que el vendedor te envía la confirmación de la compra con la referencia de la transacción y guarda el mensaje.

5. En caso de incidencias, guarda siempre constancia de los errores y de los contactos efectuados con el comercio por si necesitas realizar alguna reclamación.

6. La entrega del producto o servicio debe realizarse dentro de los 30 días siguientes a la realización de la compra, excepto que en la oferta se indique otro plazo.

7. Dispones de un periodo mínimo de 14 días para devolver la compra, excepto productos personalizados, perecederos, que no se puedan reutilizar por razones de higiene, entradas de espectáculos, etc. Lee atentamente la información sobre la política de cambios.

8. Si te han concedido un crédito para financiar el precio del contrato, el ejercicio del derecho de desistimiento implica la resolución del crédito sin penalización.

9. El envío del producto debe contener la dirección de contacto del establecimiento, la factura correspondiente, la garantía y el formulario dedesistimiento.

10. En caso de reclamar y no recibir respuesta o si esta no respeta los derechos convenidos, debes contactar con una Oficina Pública de Información al Consumidor.

4.5. Gestión de incidentes, detección de intrusiones y protección

4.5.1. Introducción

Atendiendo a la norma **ISO 27001:2005**, un incidente de seguridad es un evento no deseado o no esperado que puede amenazar la seguridad de la información comprometiendo significativamente las operaciones de negocio.

 ISO es la Organización Internacional de Normalización (en inglés, *International Organization for Standardization).* Su misión es la elaboración de normas, de carácter internacional, que formulan recomendaciones de buenas prácticas en numerosos ámbitos, entre ellos, la seguridad de la información.

La gestión de incidentes referida a la seguridad de las Tecnologías de la Información y Comunicación permitirá, fundamentalmente, lo siguiente:

⇨ Establecer un procedimiento que permita una reacción efectiva de la organización disminuyendo el impacto que el incidente provoque.

⇨ Disponer de un mejor conocimiento de las vulnerabilidades del sistema que permita fortalecer la protección de los sistemas en el presente y prevenir incidentes similares en el futuro.

Cada sistema de información puede atender a un negocio concreto y únicamente el responsable de dicho negocio sabe qué le interesa proteger y de qué o de quién. Por supuesto que existen medidas generales que, prácticamente interesan a todos, pero lo más habitual es adecuarlas a cada caso. En esta tarea puede ayudar un **análisis de impacto de los incidentes**.

 El análisis de impacto de los incidentes es el ejercicio que trata de averiguar las consecuencias de un incidente de seguridad en un sistema, en una infraestructura o en una Organización.

El análisis tratará de responder a las siguientes preguntas: ¿qué pasaría si se revelara un dato confidencial?, ¿qué ocurriría si se manipula información de la empresa? o ¿qué sucedería si nos quedásemos sin servidor web durante X horas en nuestra tienda virtual?, ¿cuánto dinero podríamos perder? No menos importante resulta el aspecto de la reputación. Según de quién se trate, el incidente puede llegar a tener repercusión mediática que puede influir negativamente en la imagen corporativa.

Las respuestas no siempre son fáciles de cuantificar. Es necesario un gran conocimiento del negocio para poder valorarlas. A efectos del análisis de riesgos, la estimación del impacto es un dato de entrada.

En algunas ocasiones, estos datos se conocen por la existencia de una legislación o por obligaciones contractuales que marcan las cifras. Se conocen como Acuerdos de Nivel de Servicio (en inglés, Service Level Agreement, SLA). En otras ocasiones, es simplemente la estrategia empresarial que ha marcado la Dirección.

No suele tratarse de un aspecto sino de gobierno de la organización. Habitualmente es más importante conocer el daño que podría derivarse de un fallo de seguridad que cuantificar el coste del sistema de información en sí mismo.

Es fundamental la existencia de un buen inventario de activos, tanto de equipamiento como de personas. Al principio puede resultar curioso incluir a las personas como un activo pero la experiencia muestra que son numerosos los incidentes provocados por fallos humanos y no siempre de manera fortuita.

Tras inventariar activos y amenazas hay que calificar cada escenario posible para conocer su impacto y su riesgo. El impacto informa de las consecuencias para el negocio. El riesgo va un paso más allá y ordena los incidentes según la probabilidad de que ocurran.

Estas estimaciones facilitarán que se prioricen los riesgos y que se focalice en aquellos eventos más probables de provocar las peores consecuencias.

Impacto y riesgo son indicadores del estado de seguridad y ayudan a tomar decisiones. El impacto mide lo que puede pasar. El riesgo mide lo que probablemente pase.

Típicamente pueden darse **cuatro formas** de afrontar los riesgos:

a) **Evitar la situación**. Se hace obligatorio preguntarse si necesitamos todo lo que tenemos. ¿Es sensato ubicar un servidor web en el mismo equipo en el que se encuentra nuestro servidor de bases de datos de producción para ganar algo de velocidad? Estamos poniendo algo más fácil que alguien consiga hacerse con información crítica para el negocio. Podríamos separar el servidor de producción del de acceso público y así el escenario de riesgo se transforma.

b) **Mitigar el peligro, aliviar el riesgo o ambos**. El riesgo se mitiga con medidas preventivas. Un cifrado del disco de un equipo portátil no evitará un posible olvido del mismo en un transporte pero sí que los datos lleguen a manos no autorizadas. El impacto se reduce con medidas reactivas o de recuperación. Contar con un sistema de copias de seguridad no evitará que el servidor de bases de datos sea comprometido o que los datos se encuentren corrompidos pero sí nos permitirá recuperar la información y continuar con el negocio.

c) **Derivarlo, pasárselo a otro**. Pese a que pueda resultar extraño, se trata de una situación cotidiana. Contamos con seguros de hogar, de vehículo, antirrobo, etc. Estamos pasando los riesgos a la compañía aseguradora. Además, estamos viviendo una verdadera explosión de servicios que se comparten: desde gastos empresariales al ubicar nuestros negocios en "viveros" de empresas, hasta en aspectos más de índole particular, como por compartir los coches ("car sharing"), por ejemplo. En nuestro caso se están compartiendo los riesgos. Existen muchas variantes en los acuerdos entre partes.

d) **Aceptarlo**. También parece extraño que se acepten los riesgos sin más pero, nuevamente, forma parte de nuestra vida cotidiana. Utilizamos transportes pese al riesgo de accidentes y abrimos negocios web pese a los riesgos de ataques o de fraude porque, después de evaluarlos, decidimos que los presuntos beneficios de nuestra actividad compensarán los posibles riesgos.

En cualquiera de los casos, son decisiones que pertenecen al ámbito de la Dirección. No puede tomarlas un técnico. Muchas actividades consisten en asumir riesgos para alcanzar beneficios. El análisis de riesgos proporciona información para conocer qué está en juego y así tomar decisiones informadas.

Conviene, además, no olvidar que también se trata de una cuestión de recursos: técnicos, humanos y económicos. La decisión se toma en función de las consecuencias y del coste de la solución. El análisis de riesgos califica y cuantifica las consecuencias y el responsable del negocio decidirá cuántos recursos puede justificar para la solución. Es una cuestión de equilibrio.

Cabe reseñar que el análisis de riesgos ha de ser tan cambiante como el entorno al que se aplica. El riesgo no es particular del negocio sino que también analiza qué puede ocurrirle a un sistema enfrentado a cierto entorno. En necesario seguir con extremo cuidado los cambios del entorno: no únicamente por la existencia de atacantes sino por los cambios de legislación o de prácticas del sector que pueden obligar a un nuevo diseño o enfoque. Conviene ser ágiles y rápidos. La gestión de riesgos se utiliza para adoptar medidas estructurales mientras que los detalles tratan de combatir incidentes concretos.

4.5.2. Conceptos generales de gestión de incidentes de seguridad

Es imprescindible conocer tres propiedades básicas referentes a la información:

⇨ **Confidencialidad de la información**. Es la propiedad mediante la cual se garantiza el acceso a la misma exclusivamente por los usuarios autorizados a ello.

⇨ **Integridad de la información**. Es la propiedad que garantiza que no ha sido alterada y que se ha mantenido intacto el documento original que contenía dicha información. Esta únicamente podrá ser modificada por los usuarios autorizados.

⇨ **Disponibilidad de la información**. Es la propiedad que garantiza que se encuentre disponible para los usuarios cuando sea requerida.

Para que la información cumpla unos estándares de seguridad adecuados deberá contener las tres propiedades: confidencialidad, integridad y disponibilidad.

Un incidente de seguridad en un sistema lo constituye cualquier situación en la que pueda verse amenazada una información o una infraestructura y pueda dar lugar a una pérdida de confidencialidad, integridad y disponibilidad. La gestión de incidentes de seguridad comprende el ciclo entero del incidente: inicio, identificación, comunicación, registro, evaluación, investigación y resolución.

La capacidad de respuesta ante un incidente de seguridad la constituirá la suma de los recursos humanos, técnicos, materiales y procedimentales encargados de identificar y gestionar los incidentes de seguridad. Habitualmente, suelen agruparse en equipos de resolución de incidentes. La gestión de incidentes de seguridad ha de formar parte de la política de seguridad de tecnologías de la información y comunicaciones.

Los incidentes pueden tener su origen dentro o fuera de una organización y ser provocados directamente por un atacante, indirectamente a través de un agente o, incluso, fortuitamente.

El alcance de la gestión de incidentes no ha de limitarse al establecimiento de la capacidad de reacción sino que debe proporcionar la base para la prevención de incidentes futuros. Es necesario, para ello, el fomentar la consciencia de los usuarios en relación a los incidentes de seguridad y los riesgos asociados a los sistemas.

El siguiente cuadro muestra cómo la gestión centralizada de incidentes pretende resolver la problemática al afrontar un incidente de seguridad.

Tabla que describe objetivos parciales en la gestión de incidentes	
Problemas actuales	**Gestión centralizada de incidentes**
El usuario no conoce qué es un incidente de seguridad.	Definir lo que constituye un incidente de seguridad.
El usuario no dispone de un modelo de informe.	Normalizar un formato de informe.
El usuario no conoce a quién recurrir ante un incidente.	Establecer un procedimiento de aviso.
No hay responsables ni cometidos asociados.	Designación de responsabilidades.
No existe registro centralizado.	Automatización del registro mediante una base de datos y aplicación asociada.
La información sobre incidentes se encuentra dispersa en los departamentos.	Centralización de la información.
La catalogación del incidente se complica por falta de criterio.	Definir un criterio.
El incidente se resuelve por personas que pueden no ser adecuadas para resolverlo y cuya selección no se ajuste a un criterio claro.	Constitución de un equipo preparado, con conocimientos y recursos suficientes.
Olvido general tras la resolución del incidente.	Difundir información a los usuarios con las conclusiones que permitan evitar incidentes similares.

España cuenta con una **Estrategia de Ciberseguridad Nacional** desde el año 2013. Se encuentra alineada con la Estrategia de Seguridad Nacional y en ella se establecen las prioridades, objetivos y medidas adecuadas para alcanzar y mantener un elevado nivel de seguridad, tanto en las redes como los sistemas de información.

La Estrategia Nacional de Ciberseguridad 2019 desarrolla las previsiones de la Estrategia de Seguridad Nacional de 2017 en el ámbito de la ciberseguridad, considerando los objetivos generales, el objetivo del ámbito y las líneas de acción establecidas para conseguirlo. El documento se estructura en cinco capítulos: I. El ciberespacio, más allá de un espacio común global; II. Las amenazas y desafíos en el ciberespacio; III. Propósito, principios y objetivos para la ciberseguridad; IV. Líneas de acción y medidas; V. La ciberseguridad en el Sistema de Seguridad Nacional.

La revisión de la Estrategia Nacional de Ciberseguridad es competencia del Consejo de Seguridad Nacional que, además, se constituye -a través del Departamento de Seguridad Nacional- en el **Punto de Contacto Único** para garantizar la cooperación transfronteriza de las autoridades competentes españolas con sus homólogas en otros

Estados miembros de la Unión Europea, así como con el grupo de colaboración y la red de **Equipos de Respuesta a Incidentes de Seguridad Informática** (conocidos como CSIRT, acrónimo de *Computer Security Incident Response Team*).

El Real Decreto-ley 12/2018 reconoce tres CSIRT nacionales de referencia, que se coordinarán entre sí y con el resto de los equipos nacionales e internacionales en la respuesta a incidentes y gestión de riesgos en función del tipo de entidad prestadora de un servicio. Son entidades operadoras de servicios esenciales:

⇨ CCN-CERT: equipo de respuesta del Centro Criptológico Nacional (CCN). A él le corresponde la comunidad de referencia constituida por las entidades del ámbito subjetivo de aplicación de la Ley 40/2015, de 1 de octubre.

⇨ INCIBE-CERT: equipo de respuesta del Instituto Nacional de Ciberseguridad de España; le corresponde la comunidad de referencia constituida por las entidades no incluidas en el ámbito subjetivo de aplicación de la Ley 40/2015, de 1 de octubre.

⇨ ESPDEF-CERT: equipo de respuesta del Ministerio de Defensa. Cooperará con los dos anteriores en las situaciones que cualquiera de ellos requiera en apoyo de los operadores de servicios esenciales y en aquellos operadores que tengan incidencia en la Defensa Nacional.

Por lo que respecta a la normativa nacional en el ámbito de la seguridad destacan las siguientes disposiciones:

⇨ Real Decreto 311/2022, de 3 de mayo, por el que se regula el Esquema Nacional de Seguridad.

⇨ Ley 8/2011, de 28 de abril, por la que se establecen medidas para la protección de infraestructuras críticas.

⇨ Ley 36/2015, de 28 de septiembre, de Seguridad Nacional.

⇨ Real Decreto-ley 12/2018, de 7 de septiembre, de seguridad de las redes y sistemas de información.

⇨ Real Decreto 43/2021, de 26 de enero, por el que se desarrolla el Real Decreto-ley 12/2018.

En todo caso, una gestión adecuada de incidentes de seguridad debería permitir:

a) Establecer una vía de comunicación rápida de los hechos que permita reaccionar a tiempo.

b) Llevar a cabo la contabilidad y el registro de los incidentes de seguridad.

c) Aislar cada incidente, evitando así la propagación de elementos que produzcan una situación de riesgo.

d) Adoptar decisiones a largo plazo si el impacto del incidente provoca un compromiso de la información o de la infraestructura que pudiera originar consecuencias graves.

e) Asegurar la integridad y disponibilidad de los sistemas críticos si el incidente afecta a los mismos.

f) Mantener y recuperar la información.

g) Mantener y recuperar los servicios.

h) Determinar el modo, los medios, los motivos y el origen del incidente.

i) Señalar e identificar el origen siempre que sea posible.

j) Analizar y proponer las correspondientes medidas que posibiliten la prevención de incidentes de naturaleza similar en el futuro.

La prioridad de las acciones a realizar dependerá de cada caso concreto y será establecida en función de la criticidad de los elementos afectados (no es lo mismo una estación de trabajo que un servidor web, por ejemplo) y del potencial efecto que produciría el incidente (desde destrucción de datos hasta poner en compromiso la contraseña del administrador, por ejemplo).

En el caso concreto de sistemas que gestionen información clasificada, suele prevalecer la información contenida en dichos sistemas por encima de los equipos o servicios instalados en los mismos.

4.5.3. Tipos de incidentes de seguridad

Existen diversas clasificaciones de la tipología de los incidentes de seguridad que pueden ocurrir en un sistema. La siguiente es una de ellas:

⇨ **Accesos no autorizados**

Son ingresos y operaciones no autorizadas a los sistemas, con o sin éxito. En esta categoría podríamos encontrar:

- Robo de información.

- Borrado de información.

- Accesos no autorizados con éxito.

- Alteración de la información.

- Intentos de acceso no autorizado, tanto recurrentes como no recurrentes.

- Mal uso o abuso de los servicios informáticos que requieren autenticación, tanto internos como externos.

⇨ **Código malicioso (en inglés *Malware*)**

Son incidentes que consisten en la infiltración de variantes de software sin autorización del propietario del sistema. Constituirían este tipo de incidentes:

- Virus informáticos.

- Troyanos. Código malicioso que entra en un sistema como un programa inofensivo en apariencia pero que, al ser ejecutado, puede habilitar el acceso remoto al sistema a usuarios no autorizados.

- Gusanos. Se trata de código malicioso que, una vez logrado el acceso al sistema, se replica a sí mismo. No suele alterar los archivos existentes pero sí afecta al rendimiento del sistema, pues consume sus recursos.

⇨ **Denegación del servicio (en inglés *Denial of Service*, DoS)**

Se trata de eventos que producen la pérdida de un servicio concreto o de varios, impidiendo su ejecución normal. Tiempos de respuesta muy bajos y servicios inaccesibles sin motivo aparente suelen ser los indicadores más habituales de este tipo de incidentes.

⇨ **Pruebas, intentos de obtención de información o escaneos**

Son operaciones que tratan de conocer las acciones que se producen en un sistema. Algunas de ellas son:

- **Sniffers**. Aplicaciones cuya función es la de obtener la información que envían los distintos equipos de un sistema.

- **Detección de vulnerabilidades.** Son aplicaciones que explorar las vulnerabilidades de un sistema para aprovecharse de ellas con posterioridad.

⇨ **Mal uso de los recursos tecnológicos**

Son acciones que atacan los sistemas de información mediante su uso indebido. Algunas de ellas son:

- Violación de normativas de uso, por ejemplo, de acceso a Internet.

- Mal uso o abuso de servicios informáticos, tanto internos como externos.

- Mal uso o abuso del correo electrónico.

- Violación de las políticas, procedimientos y normas de seguridad informática de una organización.

4.5.4. Detección y notificación de incidentes de seguridad

⇨ **Detección**

Cualquier miembro de una organización (usuario, administrador, personal de mantenimiento, etc.) que detectase una circunstancia anómala y que, de acuerdo a su criterio, pudiese afectar a la seguridad de un sistema, debería ser responsable de informar de la incidencia.

El uso de aplicaciones de seguridad, como los detectores de intrusos, herramientas de correlación de eventos, software antivirus, software de prueba de integridad, etc., se hace esencial para la detección prematura de incidentes.

⇨ **Notificación**

La complejidad de los sistemas dificulta la distinción entre fallos imprevistos (físicos o lógicos) y ataques a los mismos. Por tanto, ante un indicio de incidente, una de las primeras acciones a realizar por parte de cualquier componente de la organización es comunicarlo.

Los operadores de servicios esenciales designarán una persona, unidad u órgano colegiado, responsable de la seguridad de la información que ejercerá las funciones de punto de contacto especializado y coordinación técnica con la autoridad competente y CSIRT de referencia.

Los CSIRT de referencia garantizarán un intercambio fluido de información con las autoridades competentes que correspondan, asegurando el adecuado seguimiento durante la gestión de los incidentes, así como el acceso a la información empleada en las distintas fases que componen la gestión de incidentes.

Los operadores de servicios esenciales realizarán las notificaciones a través del responsable de la seguridad de la información designado.

a) Los operadores de servicios esenciales deberán realizar una primera notificación tan pronto como dispongan de información para determinar que se dan las circunstancias para la notificación, atendiendo a los factores y umbrales correspondientes.

b) Se efectuarán las notificaciones intermedias que sean precisas para actualizar o completar la información incorporada a la notificación inicial, e informar sobre la evolución del incidente, mientras este no esté resuelto, y se realizará una notificación final del incidente tras su resolución, informando del detalle de la evolución del suceso, la valoración de la probabilidad de su repetición, y las medidas correctoras que eventualmente tenga previsto adoptar el operador. Los umbrales temporales exigidos para dichas notificaciones serán los recogidos en el anexo de este real decreto.

c) Las notificaciones incluirán, en cuanto esté disponible, la información que permita determinar cualquier efecto transfronterizo del incidente. Se aplicará a los proveedores de servicios digitales en tanto que no se regule de modo diferente en los actos de ejecución previstos en el artículo 16.9 de la Directiva (UE) 2016/1148 del Parlamento Europeo y del Consejo, de 6 de julio de 2016, relativa a las medidas destinadas a garantizar un elevado nivel común de seguridad de las redes y sistemas de información en la Unión.

d) El CSIRT de referencia, en colaboración con la autoridad competente, valorará con prontitud dicha información con vistas a determinar si el incidente puede tener efectos perturbadores significativos para los servicios esenciales prestados en otros Estados miembros de la Unión Europea, informando en tal caso a través del punto de contacto único a los Estados miembros afectados.

e) Asimismo, la autoridad competente valorará, de manera conjunta con el correspondiente CSIRT de referencia, la información sobre incidentes con posibles impactos transfronterizos que reciba de otros Estados miembros, y se lo indicará y transmitirá la información relevante a los operadores de servicios esenciales que puedan verse afectados.

El RD 43/2021, de 26 de enero, establece el procedimiento de notificación de incidentes y describe la Plataforma Nacional de Notificación y Seguimiento de Ciberincidentes; además de otros aspectos como: información sobre incidentes, actuaciones ante incidentes con carácter presuntamente delictivo, consulta con otras autoridades o la supervisión del cumplimiento de las obligaciones de seguridad y de notificación de incidentes.

4.5.5. Fases de ejecución

La gestión de los incidentes de seguridad es un proceso que se debe articular en fases. Estas se iniciarán tan pronto como se tenga constancia o se sospeche de la existencia de un incidente.

Las distintas fases que se desarrollan una vez notificado un incidente son:

⇨ **Contención**

Su propósito es el de limitar la extensión del incidente. El centro de atención a usuarios realizará una valoración inicial sobre la naturaleza y alcance de dicho incidente. En su caso, lo comunicará a los responsables del sistema afectado.

Por tanto, es necesario que el centro de atención a usuarios disponga de un inventario completo y actualizado de todos los sistemas de la organización y de sus responsables para cumplir con el precepto de una rápida comunicación.

La organización debería contar con procedimientos de contención detallados para incidentes tipo (código malicioso, denegación de servicio, accesos no autorizados, escalada de privilegios de un usuario, etc.). Para el resto de casos, los responsables del sistema evaluarán la conveniencia de desconectar, deshabilitar o impedir determinados recursos o servicios del mismo.

El centro de atención a usuarios proporcionará las alarmas precisas por el medio establecido a los usuarios (desconexión, cierre de sesión, bloqueo de fichero o recurso afectado, etc.).

Resulta bastante clara la criticidad de esta fase en casos, por ejemplo, de amenaza de virus.

⇨ **Análisis**

El centro de atención a usuarios –de forma paralela a la fase de contención– iniciará el análisis del incidente obteniendo la máxima información disponible. Para ello debería contar con recursos necesarios para el adecuado registro y seguimiento de toda la información relacionada.

Los hechos han de analizarse determinando con total rigor si se trata realmente de un incidente de seguridad para, una vez realizado su registro, llevar a cabo su resolución.

Si el centro de atención a usuarios no dispusiera de recursos o conocimientos necesarios para la resolución, deberá recurrir a los equipos especializados en resolución de incidentes. En todo momento, los responsables del sistema afectado han de conocer esta circunstancia.

Los equipos de resolución de incidentes analizarán toda la información disponible. Resultará muy conveniente la participación del administrador de seguridad del sistema afectado.

Los usuarios y responsables del sistema deben conocer qué pasos tomar para preservar las pruebas del incidente. El conocimiento de los parámetros de configuración del sistema afectado puede ser importantísimo, así como las medidas de seguridad que se implantaron en el sistema. Asimismo, la disponibilidad de los ficheros de registro (logs) es fundamental.

Por ello, es muy importante establecer el nivel mínimo de información de registro de actividad que cada dispositivo generará. Conviene un nivel alto para los dispositivos críticos.

Una gestión centralizada de ficheros de registro agiliza su análisis y permite que durante esta fase los registros de actividad no sean modificados. Es muy recomendable que todos los dispositivos se encuentren sincronizados para facilitar la correlación y el análisis.

Deberá evitarse la manipulación directa de los soportes de información y del sistema afectado. Siempre que sea posible, se trabajará con una imagen del sistema con dos finalidades:

- Para trabajar con los datos tal y como se encontraban antes del incidente.

- Para evitar una posible pérdida irreversible de los datos.

Resulta muy deseable realizar una captura de la información de naturaleza volátil (estado de las conexiones de red, configuraciones de todo tipo de interfaces, procesos, sesiones y ficheros abiertos, contenido de la memoria RAM, etc.).

La recogida de la siguiente información puede resultar de gran utilidad:

- Datos de identificación (localización, número de serie del equipo, nombre, modelo, dirección IP, dirección MAC, etc.).

- Identificación de la persona o personas que han recogido evidencias.

- Fecha y hora de la aparición de la evidencia.

- Lugar de almacenamiento de la evidencia.

Tanto el centro de atención a usuarios como el equipo de respuesta a incidentes tienen la obligación de documentar todas las acciones que realicen sobre los sistemas afectados con los medios que cuenten (fotografías, pruebas impresas, grabación con vídeo, etc.).

Todas las pruebas recogidas en la fase de análisis serán almacenadas de forma segura, restringiendo su acceso a personal autorizado.

En el caso de que durante el análisis se extrajera la conclusión de la existencia de una negligencia muy grave o comportamiento intencionado de un usuario, se pondrá en conocimiento de los responsables de seguridad del sistema.

En el caso de que el incidente pudiese implicar procedimientos legales, tanto civiles como penales, las pruebas recogidas han de ser tratadas conforme a la legislación vigente. Habitualmente, habrá que considerar los siguientes factores:

- Admisibilidad. La prueba podrá o no ser utilizada ante los Tribunales.

- Entidad. Se refiere a la calidad, integridad y profusión de la evidencia.

- Pertinencia. Es necesario asegurar que los controles para el almacenamiento de la prueba son los adecuados.

- El período de retención de la evidencia.

⇨ **Restablecimiento**

El objetivo de esta fase es el restablecimiento del servicio, de la información y de los recursos afectados. Se realizarán las acciones necesarias para recobrar las capacidades del sistema y que vuelva a prestar con normalidad el servicio. Esta fase es competencia de los responsables de seguridad del sistema, que podrían recibir el apoyo del equipo de respuesta a incidentes.

Los responsables del sistema han de estar plenamente informados, tanto de las actividades que se estén desarrollando en dicho sistema como del momento en que se encuentre operativo de nuevo.

El centro de atención a usuarios se encargará de comunicar a los usuarios en qué momento los recursos o servicios afectados vuelvan a estar disponibles.

⇨ **Resolución**

Una vez finalizadas las fases anteriores, se deben dar los pasos oportunos para que el incidente quede resuelto o cerrado. Puede considerarse que un incidente queda cerrado cuando:

- Se ha restablecido toda la información, recursos y servicios afectados y el sistema vuelve a estar plenamente operativo.

- Se dispone de un conocimiento razonable de:

  ▶ ¿Qué ha ocurrido?

  ▶ ¿Por qué ha ocurrido?

▶ Las pérdidas ocasionadas en términos de servicio o recursos afectados.

▶ La información que ha sido comprometida.

▶ Se tiene conocimiento de quién o qué ha sido el causante del incidente.

▶ Se inicia la búsqueda de las medidas a implantar para que se cuente con una certeza de que no volverá a ocurrir en las mismas condiciones.

Un incidente cerrado es aquel en el que no se ha conseguido conocer alguno de los puntos anteriores y en el que, a decir de los expertos en resolución de incidentes, se han agotado todas las posibilidades de análisis e investigación para su resolución.

⇨ **Conclusión**

Esta fase consiste en la elaboración y presentación de conclusiones de todas las fases del proceso de gestión de un incidente. Puede coincidir cronológicamente con la fase anterior.

Según la naturaleza y el alcance del incidente, la presentación de conclusiones podría limitarse a cumplimentar ciertos campos en un formulario de gestión de incidentes de seguridad o a la redacción de un informe que se remitiría a la autoridad de seguridad correspondiente.

No obstante, debe quedar constancia de toda la información relevante del incidente. Asimismo, el informe podrá contener cuantas propuestas se consideren necesarias para evitar incidencias futuras en los sistemas de información.

Resulta de especial relevancia la difusión, dentro de la organización, del incidente con objeto bien de evitar su repetición, bien de agilizar su resolución en el caso de volver a ocurrir.

4.5.6. Registro de incidentes de seguridad

El CCN-CERT, en colaboración con el INCIBE-CERT y el ESPDEF-CERT del Mando Conjunto del Ciberespacio, pondrá a disposición de todos los actores involucrados la Plataforma Nacional de Notificación y Seguimiento de Ciberincidentes a la que se refiere el Real Decreto-ley 12/2018, de 7 de septiembre.

La plataforma permitirá el intercambio de información y el seguimiento de incidentes entre los operadores de servicios esenciales o proveedores de servicios digitales, las autoridades competentes y los CSIRT de referencia de manera segura y confiable, sin perjuicio de los requisitos específicos que apliquen en materia de protección de datos de carácter personal.

Esta plataforma deberá garantizar la disponibilidad, autenticidad, integridad y confidencialidad de la información, así como podrá emplearse también para dar cumplimiento a la exigencia de notificación derivada de regulaciones sectoriales, de acuerdo con el Real Decreto-ley 12/2018, de 7 de septiembre.

La plataforma también dispondrá de diversos canales de comunicación para su uso por parte de las autoridades competentes y los CSIRT de referencia. Garantizará el acceso de las autoridades competentes a toda la información relativa a la notificación y estado de situación de los incidentes de su ámbito de competencia que les permita efectuar en todo momento el necesario seguimiento y control de su estado de situación. Igualmente, las autoridades competentes tendrán acceso a través de la plataforma a datos estadísticos.

La plataforma implementará el procedimiento de notificación y gestión de incidentes, que estará disponible durante todas las horas del día y todos los días del año, y dispondrá, como mínimo, de las siguientes capacidades:

a) Capacidad de gestión de ciberincidentes, con incorporación de taxonomía, criticidad y notificaciones a terceros, según lo establecido en el anexo.

b) Capacidad de intercambio de información sobre ciberamenazas.

c) Capacidad de análisis de muestras.

d) Capacidad de registro y notificación de vulnerabilidades.

e) Capacidad de comunicaciones seguras entre los actores involucrados en diferentes formatos y plataformas.

f) Capacidad de intercambio masivo de datos.

g) Generación de estadísticas e informes agregados.

 En el Anexo del RD 43/2021 se establece la Instrucción nacional de notificación y gestión de ciberincidentes, donde se detalla la siguiente información:

1. Obligatoriedad de notificación.

2. Clasificación/taxonomía de los ciberincidentes.

3. Nivel de peligrosidad del ciberincidente.

4. Nivel de impacto del ciberincidente.

5. Información que notificar a la autoridad competente en caso de incidente.

6. Ventana temporal de reporte.

7. Definiciones y conceptos.

4.5.7. Incidentes que gestionan información clasificada

En este tipo de incidentes se debe comunicar inmediatamente la aparición del mismo a la autoridad del sistema y esta, en función del tipo de la información comprometida, reportará a la autoridad responsable de la acreditación. El equipo involucrado en la gestión del incidente ha de contar con la habilitación de seguridad adecuada.

Es preciso determinar si ha sido o no comprometida la seguridad de la información clasificada y, en su caso, de qué información se trata: su clasificación, número, fecha, originador, objeto y alcance. Asimismo, es necesario indicar el período en el que la información ha sido expuesta o comprometida, así como una estimación del número de personas que han accedido a ella. El incidente ha de ser notificado, igualmente, al originador de la información.

Durante el tiempo que dure la resolución del incidente, la autoridad responsable del sistema ha de ser informada periódicamente. Una vez resuelto, es conveniente elaborar y entregar un informe a dicha autoridad.

Toda la información relativa al incidente deberá ser mantenida y almacenada de acuerdo con la clasificación de la información comprometida.

4.5.8. Consideraciones finales. Beneficios y efectos adversos

Ante la posibilidad de la existencia de un incidente de seguridad en la Organización, se hace preciso adoptar una serie de medidas, que pueden ser:

1. **Preventivas**. Se aplican para evitar la ocurrencia de incidentes de seguridad. Como ejemplo estaría la utilización de contraseñas fuertes, el cifrado de la información, utilización de cortafuegos, etc.

2. **De detección**. Sirven para detectar y controlar los incidentes de seguridad. Un ejemplo lo constituiría la realización de una auditoría de seguridad, revisiones de seguridad, etc.

3. **Correctivas**. Se implementan una vez ha ocurrido el incidente de seguridad con el fin de que no vuelva a suceder así como para restaurar la situación antes del incidente. Se trata de procedimientos de restauración, eliminación de código malicioso y auditoría forense.

La gestión de incidentes tiene como objetivo calcular y utilizar adecuadamente los recursos necesarios para aplicar correctamente las medidas de prevención, detección y corrección. Es preciso establecer unas pautas generales para lograr una correcta ejecución:

a) **Prevención de los incidentes**. Se aplicarán las medidas preventivas que eviten la aparición de incidentes.

b) **Detección y reporte de los incidentes**. Si el incidente se produce es preciso detectarlo y reportarlo a los responsables de su gestión.

c) **Clasificación del incidente**. Categorización del tipo de incidente ocurrido: acceso no autorizado, robo de información, borrado de la misma, etc.).

d) **Análisis del incidente**. Cómo se ha producido dicho incidente y qué daños ha provocado.

e) **Respuesta al incidente**. Es preciso la aplicación de las medidas correctivas para restaurar el sistema a la situación previa al incidente.

f) **Registro de incidentes**. El registro, tanto del incidente como de las medidas adoptadas para solucionarlo, constituirá un histórico y un control de todos los incidentes ocurridos en el tiempo.

g) **Aprendizaje**. El análisis de los posibles errores que causaron el incidente permitirá asentar las bases para que no vuelva a suceder.

El seguimiento de estas pautas permitirá a las organizaciones numerosos **beneficios**, por contra, una gestión deficiente de los incidentes puede provocar **efectos adversos.**

Estos **beneficios** son:

⇨ Respuesta rápida, sistemática y eficiente a la aparición de un incidente.

⇨ Rápida recuperación del sistema afectado, garantizando la mínima pérdida posible de información o de servicio.

⇨ Generación de un histórico de incidentes y de las medidas adoptadas que dotará a la organización de una mejora continuada en la gestión y tratamiento de nuevos incidentes así como la eliminación de la aparición de incidentes repetitivos.

⇨ Mayor control de los procesos del sistema de información así como del proceso de monitorización del mismo.

⇨ Todo lo anterior repercutirá en una optimización de los recursos disponibles que, directamente, repercutirá en una mayor productividad de los usuarios.

Y los **efectos adversos** son:

⇨ Bajo rendimiento por mala utilización de los recursos.

⇨ Pérdida de información o de servicio en la organización.

⇨ Lo anterior repercutirá en una pérdida de productividad, tanto en la infraestructura como en los empleados que, sin duda, provocará una pérdida competitiva en el negocio.

4.5.9. Conceptos generales de detección de intrusiones y su prevención

 Una **intrusión** puede ser definida como un conjunto de acciones que intentan comprometer o poner en peligro la integridad, la confidencialidad o la disponibilidad de un sistema informático.

Las intrusiones se pueden producir de varias formas:

⇨ Atacantes que acceden a los sistemas desde Internet.

⇨ Usuarios autorizados del sistema que intentan ganar privilegios adicionales para los cuales no están autorizados.

⇨ Usuarios autorizados que hacen un mal uso de los privilegios o recursos que se les ha asignado.

Adicionalmente, pueden darse varias posibilidades en un ataque dependiendo de quién lo lleva a cabo:

⇨ **Penetración externa**. Se define como la intrusión que se lleva a cabo a partir de un usuario o sistema no autorizado desde otra red.

⇨ **Penetraciones internas**. Aquellas que se realizan por usuarios internos que no están autorizados al acceso.

⇨ **Abuso de recursos**. Se define como el abuso que un usuario realiza sobre unos datos o recursos de un sistema al que está autorizado a acceder.

Es importante distinguir entre **actividad intrusiva y actividad anómala**. Las intrusivas se consideran un subconjunto de las anómalas. Podemos diferenciar:

a) Intrusivas pero no anómalas. También denominadas **Falsos Negativos**. En este caso la actividad es intrusiva pero, al no ser anómala, no consigue detectarse.

b) No intrusivas pero anómalas. Son los denominados **Falsos Positivos**. Aquí, la actividad es no intrusiva pero, como es anómala, se decide que es intrusiva.

c) Ni intrusiva ni anómala. Son los denominados **Negativos Verdaderos**. La actividad es no intrusiva y se detecta como tal.

d) Intrusiva verdadera. También denominados **Positivos Verdaderos**. Se trata de una actividad intrusiva y como tal es detectada.

97

4.5.10. Detección de intrusiones y su prevención

A) Detección de intrusiones

La detección de intrusiones aborda la forma de protegerse contra ellas utilizando una combinación de técnicas de monitorización (patrones y firmas, anomalías y heurística), análisis, valoración de vulnerabilidades, acciones de defensa, auditoría y generación de informes.

Firmas: método de detección basado en marcas o característi-cas distintivas presentes en los ataques que explotan vulnerabili-dades.

La detección de intrusiones es una lucha contra el tiempo. Desde que se descubre una vulnerabilidad en un sistema o software hasta que las empresas desarrolladoras de ese producto o las de seguridad consiguen subsanarlo transcurre un período de tiempo en el que los sistemas son vulnerables. Es muy probable que durante ese lapso de tiempo alguien haya desarrollado una herramienta que será capaz de explotar la vulnerabilidad. Esa herramienta se conoce comúnmente como **exploit**.

Exploit: estructura de software o secuencia de acciones cuyo objetivo es el aprovechar una vulnerabilidad en un sistema para conseguir un comportamiento no deseado del mismo.

La incorporación de dispositivos cortafuegos y de redes privadas virtuales **(VPNs)** hace disminuir el riesgo y los potenciales problemas, pero el hecho cierto es que se ha producido un enorme incremento de los intentos de ataques tanto a redes como a sistemas informáticos. El mayor volumen de información que hoy se puede encontrar en Internet provoca que la cantidad de mensajes publicados en las listas de vulnera-bilidades, como **BUGTRAQ**, no pare de crecer. Estas vulnerabilidades están llegando a afectar a sistemas tradicionalmente seguros, como los cortafuegos, puesto que el aumento de las herramientas para producir ataques sofisticados también se ha incre-mentado y son de acceso prácticamente universal.

La tradicional visión en la que se contaba con un cortafuegos, con unas políticas correctamente configuradas como línea de defensa, ya no es válida, pues los ataques han evolucionado. Han aparecido nuevas técnicas de escaneo silencioso, gusanos y troyanos que atraviesan los cortafuegos mediante protocolos habitualmente permiti-dos por ellos: **HTTP (Hyper Text Transfer Protocol)** e **ICMP (Internet Control Message Protocol)** o incluso a través de los sistemas **DNS (Domain Name System)**.

Los atacantes buscan vulnerabilidades en los servicios que el cortafuegos permite y enmascaran sus ataques dentro de estos protocolos quedando la red expuesta.

Este nuevo escenario ha originado un aumento en la preocupación de las Organizaciones por la seguridad. Se ha elevado el número de auditorías de las empresas que fabrican software sobre sus productos para reducir sus vulnerabilidades así como las que evalúan el estado de la seguridad en una Organización. Igualmente, los profesionales de la informática han tenido de actualizar sus conocimientos a esta nueva realidad.

BUGTRAQ: lista de vulnerabilidades analizadas y publicadas por un grupo de expertos en seguridad informática.

VPN: Virtual Private Network, tecnología que proporciona un mecanismo de comunicación segura de datos para la información transmitida entre dos extremos.

B) Prevención

Los motivos que invitan a la utilización de sistemas de detección de intrusiones en una Organización pueden ser los siguientes:

a) Posibilitan el descubrimiento de atacantes al sistema. Esto resulta siempre un elemento disuasorio ante la posibilidad de que un atacante pudiera ser descubierto y penalizado.

b) Detectan ataques y otras vulnerabilidades de la seguridad que otros sistemas no consiguen. En numerosas ocasiones los atacantes acceden sin autorización a equipos que cuentan con numerosas vulnerabilidades que se lo han hecho más fácil. Los sistemas de detección de intrusiones pueden detectar los intentos de acceso y reportarlos de manera inmediata al responsable del sistema, para así tomar medidas y minimizar lo máximo posible el daño provocado por la intrusión.

c) Detectan probaturas y ensayos de ataques. Es habitual que antes de un ataque a un sistema, los atacantes traten de examinarlo, buscando información sobre el mismo y las presuntas vulnerabilidades. Los sistemas de detección de intrusiones pueden detectar estas pruebas y escaneos, lo que permite estar sobre aviso y reforzar la seguridad de los sistemas objetivo de los atacantes.

d) Justifican y documentan el riesgo de una organización. Cuando se elaboran las políticas de seguridad de una organización es obligatorio realizar una evaluación de los riesgos. Los sistemas de detección de intrusiones permiten conocer estos riesgos así como documentarlos. De este modo, la política de seguridad establecida y las decisiones que se adopten en torno a ella estarán justificadas.

e) Aportan información útil sobre las intrusiones y ataques que se producen en el sistema. Los sistemas de detección de intrusiones, aparte de bloquear intentos de ataque, recogen información de los ataques que se podrán utilizar como prueba del delito si se deseara emprender acciones legales contra los responsables de dicho ataque.

El modelo de gestión de seguridad para entornos de sistemas de información en red se fundamenta en dos sectores:

1. Sector de prevención. Está formado por el componente de Prevención.

2. Sector de detección y respuesta. Formado por los componentes de Detección, de Investigación y de Post-incidente.

El desarrollo de sistemas seguros por medio del componente de Prevención es una de las partes importantes del sistema de seguridad.

El componente de Detección identifica las brechas de seguridad, el de Investigación determinará qué ha sucedido exactamente con los datos obtenidos por el componente de detección. Este componente, además, puede incluir la recogida de datos adicionales que permitan la identificación del atacante así como la capacidad de reacción ante un ataque.

Por último, el componente de Post-incidente analizará la forma de evitar incidentes o intrusiones de carácter similar en el futuro.

Para prevenir este tipo de intrusiones contamos con los sistemas de prevención de intrusiones (en inglés Intrusion Prevention Systems, IPS) así como con los sistemas de detección de intrusiones (en inglés Intrusion Detection Systems, IDS). Ambos constituyen una línea de defensa adicional a los equipos y redes de una organización ante las posibles amenazas.

A pesar de contar con cortafuegos, las organizaciones necesitan utilizar algún tipo de sistema de detección y prevención de intrusiones, puesto que es imposible conocer si los cortafuegos están mal configurados o si algún atacante ha conseguido acceder a una red o incluso si el atacante forma parte de la Organización. Si no se dispone de alguno de estos sistemas no puede conocerse en qué momento los atacantes intentarán atacar la red.

5. Medios de pago y procesos de cobro

5.1. Introducción

Las compras de productos, reservas y contrataciones de servicios a través de Internet no solo están muy extendidas sino que además tienen una clara tendencia al alza. Tiendas y almacenes físicos implementan sistemas de cobro online para ampliar sus posibilidades de venta también por este medio gracias a la comodidad, pero también surgen cada vez más modelos de negocio para desarrollar en Internet enfocados a obtener beneficios o facturar solo y exclusivamente de manera online.

Algo aconsejable y común en todos los casos es tratar de hacer sencilla, y a la vez segura, la forma de pago, algunas de las formas de pago electrónico actuales son:

⇨ Correo electrónico, perfil o cuenta.

⇨ Transferencia bancaria.

⇨ Tarjeta de crédito y TPV Virtual.

⇨ Pago con el móvil.

5.2. Correo electrónico, perfil o cuenta

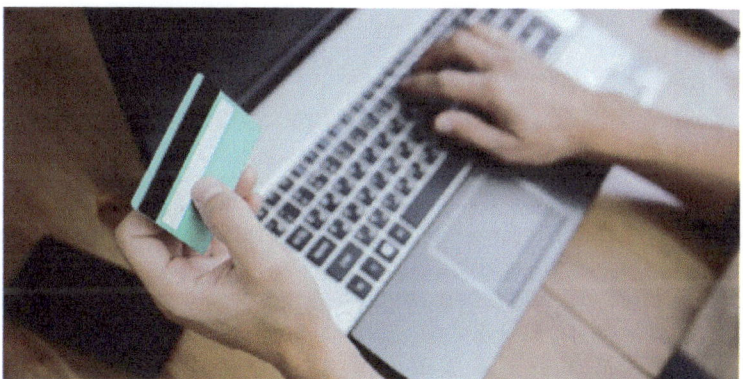

1. PayPal, Google Checkout, Amazon Payments y Sage Pay son algunas de las organizaciones con **sistemas de pago online efectivos** y a la vez que **fáciles de implementar,** gracias a las características o dispositivos que ponen estas organizaciones a disposición del usuario, tanto desde el punto de vista del comprador como del vendedor.

2. El usuario dispone de una **cuenta virtual** a la que **transfiere fondos desde su cuenta bancaria** para hacer pagos, realizar cobros o ambos. El tratamiento es diferente en el ámbito particular que en el caso de una persona física profesional, autónomo o empresa que tenga como objetivo cobrar o facturar, ya que, en los últimos casos, y sobre todo a partir de determinadas cantidades, puede que estos sistemas requieran **acreditar cierta documentación** con respecto al alta derivado de una actividad habitual en el momento de retirar los fondos.

3. Tanto la realización del pago como su confirmación se realizan por email o accediendo a una cuenta o perfil.

5.3. Transferencia bancaria

Otro sistema tradicional que implica mover fondos de una cuenta bancaria a otra sin percibir el dinero físicamente.

 Es importante negociar las condiciones y comisiones que impondrá la entidad bancaria, estas dependerán del importe de la operación, volumen de ventas, y tipo de las gestiones.

5.4. Tarjeta de crédito y TPV Virtual

Sermepa, 4B y EURO6000 fusionadas como Redsys son algunas de las entidades que ponen los medios y recursos tecnológicos para realizar **pagos electrónicos** mediante el uso de **tarjetas** asociadas a cuentas bancarias, aparte de gestionar el uso de cajeros físicos y otros dispositivos portátiles de pago para tiendas o espacios físicos.

El proceso online pasa por enviar los datos del pedido del cliente, como el identificador de la transacción, importe y nombre del comercio, a los sistemas del procesador de pago o TPV. Este se pone en contacto con el cliente y le solicita el número de la tarjeta y la fecha de caducidad. La tienda no recibe los datos de la tarjeta del usuario por seguridad. Posteriormente, el TPV contacta con la entidad financiera emisora de la tarjeta, y, al recibir o no la autorización correspondiente, comunica al dispositivo implementado en nuestra tienda si la operación ha sido aceptada o rechazada.

Para poder implementar este sistema de pago y llevarlo a la práctica, el banco pone a disposición del solicitante un TPV o pasarela de pago virtual, pero antes de hacerlo, lo habitual es que soliciten documentos acreditativos sobre la antigüedad o expectativas de la actividad, y otros desde el punto de vista económico, fiscal y legal en todos los aspectos.

El TPV virtual conlleva una serie de gastos asociados para el vendedor por disponer de este servicio, una comisión por transacción que puede depender del tipo de producto o sector, el volumen de ventas y las condiciones que acordemos con el banco.

5.5. Pago con el móvil

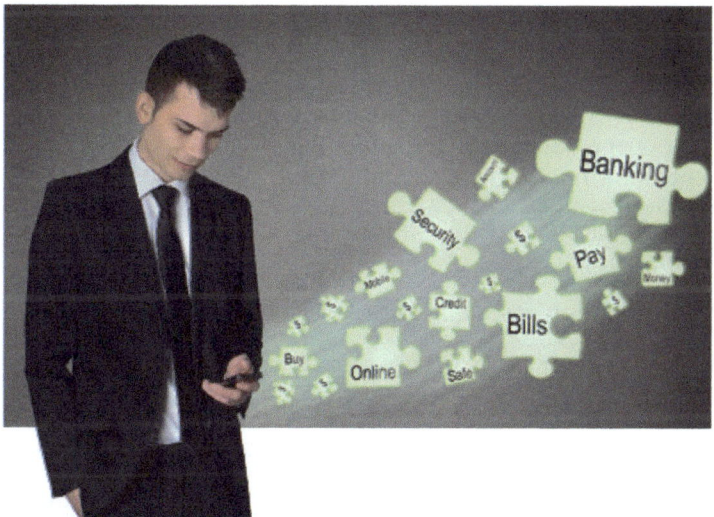

Es el sistema de más reciente aparición, que permite realizar el pago a través de un smartphone, sin necesidad de disponer de ningún otro dispositivo o tarjeta que nos acredite. El cliente recibe un mensaje en su terminal con información sobre el importe, comercio y referencias a los productos que selecciona, y al autorizar la operación con su código se confirma la compra.

Este método, que ofrecen cada vez más entidades bancarias, todavía no es de uso muy habitual debido al tiempo que tendrá que pasar aún para que sea implantado en la mayoría de tiendas y comercios; por otro lado, desde un punto de vista generacional, tiende a estar más aceptado entre un público más joven y familiarizado con el uso de dispositivos móviles.

6. Guía práctica de la contratación electrónica

La Ley 34/2002, de 11 de julio, de servicios de la sociedad de la información y de comercio electrónico, asegura la validez y eficacia de los contratos que se celebren por vía electrónica, aunque no consten, a su vez, en soporte papel. De este modo, se refuerza la eficacia de los documentos electrónicos como prueba ante los Tribunales.

Cualquier tipo de contrato puede celebrarse por vía electrónica salvo los relativos al Derecho de familia y sucesiones (por ejemplo, un testamento o unas capitulaciones matrimoniales).

Si los contratos deben ir seguidos del cumplimiento de ciertos requisitos formales (como su elevación a escritura pública o su inscripción en algún Registro) dichos requisitos seguirán siendo exigibles para que el contrato celebrado electrónicamente sea plenamente válido o eficaz.

El prestador de servicios relacionados con Internet que lleve a cabo un proceso de contratación electrónica tendrá, en síntesis, las siguientes **obligaciones**:

⇨ **Antes de iniciar el procedimiento de contratación**

Deberá poner a disposición del usuario de forma permanente, fácil y gratuita la siguiente información clara, comprensible e inequívoca sobre:

- Las condiciones generales de contratación que, en su caso, rijan el contrato.

- Los trámites o pasos que debe seguir para celebrar el contrato.

- Si va a archivar el documento electrónico del contrato y si va ser accesible.

- Los medios técnicos que pone a su disposición para identificar y corregir los errores en la introducción de los datos antes de confirmarlos.

- La lengua o lenguas en las que puede formalizarse el contrato.

Esta obligación se dará por cumplida si el prestador la incluye en su página o sitio web. Además, cuando se acceda a los servicios mediante dispositivos que cuenten con pantallas de formato reducido (por ejemplo, un teléfono móvil) se dará por cumplida esta obligación si se facilita la dirección de Internet donde se encuentre dicha información.

⇨ **Después de haberse celebrado el contrato**

Confirmar la recepción de la aceptación por alguno de los siguientes medios:

- Por medio de un acuse de recibo por correo electrónico u otro medio de comunicación electrónica equivalente a la dirección que el contratante haya señalado en el plazo de las 24 horas siguientes a la recepción.

- Por medio de un medio equivalente al que se haya utilizado en el procedimiento de contratación.

⇨ **Excepciones**

Las anteriores obligaciones (antes y después del contrato) quedan exceptuadas en dos supuestos:

- Cuando hubiera un acuerdo entre las partes en tal sentido y ninguna de ellas tuviera la condición de consumidor.

- Cuando el contrato se haya celebrado exclusivamente mediante el intercambio de correo electrónico u otro medio de comunicación electrónica equivalente.

En esta unidad hemos tratado la diferente normativa aplicable al comercio electrónico:

- Ley 34/2002, de 11 de julio, de servicios de la sociedad de la información y del comercio electrónico.

- Ley 7/1996, de 15 de enero, de ordenación del comercio minorista.

- Ley 7/1998, de 13 de abril, de condiciones generales de contratación.

- Real Decreto Legislativo 1/2007, de 16 de noviembre, por el que se aprueba el texto refundido de la Ley General para la Defensa de los Consumidores y Usuarios y otras leyes complementarias.

De todas ellas cabe destacar la Ley 34/2002, de 11 de julio, de servicios de la sociedad de la información y del comercio electrónico en donde se establecen las obligaciones y responsabilidades de las empresas de comercio electrónico, y se establece qué información estará obligado a suministrar la empresa de comercio electrónico en su página web de forma permanente, fácil, directa y gratuita. Por ejemplo, deberá aparecer su nombre o denominación social, los datos de su inscripción en el Registro Mercantil, etc.

Asimismo, en los artículos 20, 21 y 22 de la misma Ley, se regula la información exigida en las comunicaciones comerciales, por ejemplo, el artículo 20 establece la información exigida sobre las comunicaciones comerciales, ofertas promocionales y concursos.

.../...

.../...

a) Las comunicaciones comerciales realizadas por vía electrónica deberán ser claramente identificables como tales, y la persona física o jurídica en nombre de la cual se realizan también deberá ser claramente identificable.

b) En los supuestos de ofertas promocionales, como las que incluyan descuentos, premios y regalos, y de concursos o juegos promocionales, se deberá asegurar que queden claramente identificados como tales y que las condiciones de acceso y, en su caso, de participación sean fácilmente accesibles y se expresen de forma clara e inequívoca.

c) En todo caso, queda prohibido el envío de comunicaciones comerciales en las que se disimule o se oculte la identidad del remitente

Para que el comercio electrónico funcione hay que adoptar una serie de medidas de seguridad que se han descrito ampliamente en esta unidad, teniendo en cuenta que cada vez están más extendidos los medios de pago electrónicos:

• Online como PayPal, Google Checkout, Amazon Payments y Sage Pay.

• Tarjeta de crédito y TPV Virtual como Sermepa, 4B y EURO6000 fusionadas como Redsys.

• Pago con el móvil.

Y teniendo en cuenta que cada vez se celebran más contratos electrónicos.

UNIDAD DIDÁCTICA 4

Solicitud y obtención

Contenido & Objetivos

Introducción

1. **Firma electrónica**

2. **Certificado electrónico**

3. **Autoridades de Certificación**

Resumen

Los **objetivos** de esta unidad son:

1. Conocer el funcionamiento del proceso de firma electrónica.

2. Determinar los elementos hardware y software implicados en la firma y certificado electrónico.

3. Tener presentes las funciones de seguridad que supone el certificado electrónico.

Introducción

El Documento Nacional de Identidad electrónico es el documento que acredita física y digitalmente la identidad personal de su titular y permite la firma electrónica de documentos.

Además del material del que está elaborado, se distingue del tradicional por el **chip** que incorpora, y donde contiene la información en tres zonas (**pública, privada y de seguridad**), con diferentes niveles y condiciones de acceso.

El nuevo DNIe contiene los certificados electrónicos de **componente**, de **autenticación** y de **firma**, que permiten realizar numerosas gestiones con seguridad y total validez legal, lo que supone grandes ventajas para el ciudadano (seguridad y comodidad). Para su solicitud hay que acudir a las oficinas de expedición con la documentación necesaria.

Los certificados electrónicos tienen un plazo de vigencia de 30 meses, mientras que el DNIe está sujeto a unos plazos de renovación que dependen de la edad del titular. La utilización del DNIe precisa de elementos hardware (un ordenador personal y un lector de tarjetas inteligentes con ciertos estándares) y software (relativos a navegadores, sistemas operativos y controladores).

Los procesos más habituales en que tiene implicación el DNIe y su firma electrónica son el establecimiento de conexión privada con organismos públicos o entidades privadas y la firma de trámites administrativos con DNI electrónico.

Por último, veremos el proceso para obtener un certificado, cómo instalarlo y quién puede emitirlo.

1. Firma electrónica

La base tanto de los procesos de facturación electrónica como de los procesos y desarrollo del DNIe es la **firma electrónica**.

Desde un punto de vista técnico, la firma electrónica se compone de un conjunto de datos en forma electrónica que pueden ser utilizados como medio de identificación del firmante.

Es una cadena de caracteres, generada mediante un algoritmo matemático, que se obtiene utilizando como variables la clave privada y la huella digital del texto a firmar, de forma que permite asegurar la identidad del firmante y la integridad del mensaje.

Las principales y más importantes garantías que ofrece la firma electrónica son:

1. **Autentificación**: se podrá identificar al usuario que ha enviado el mensaje.

2. **Integridad**: garantiza que el mensaje no haya sido manipulado.

3. **No repudio**: nadie, excepto el mismo usuario, podrá haber firmado el documento.

La firma electrónica, por su propia naturaleza, tiene ya en la actualidad un gran abanico de **ámbitos de aplicación** y se espera que su desarrollo sea aún más extendido:

⇨ Banca en línea.

⇨ Transacciones B2B (transacciones electrónicas entre empresas) y B2C (transacciones entre empresas y usuarios/clientes).

⇨ Aplicaciones financieras.

⇨ Salud.

⇨ Proveedores de aplicaciones (ASP).

⇨ Suscripciones online.

⇨ Pago de impuestos/Abono de subsidios.

⇨ Interacciones entre ciudadanos y Administración Pública.

2. Certificado electrónico

2.1. Cómo obtener un certificado

Un certificado digital puede obtenerse directamente a través de la autoridad de certificación o a través de otras empresas que se hayan constituido como entidades colaboradoras en el registro de certificados.

Para la emisión de un certificado es preciso la identificación del/de la usuario/a frente a la autoridad de registro o una Entidad Colaboradora en el Registro (ECR).

Según el certificado solicitado se deberá presentar la documentación requerida, como, por ejemplo, el DNI, las escrituras de constitución de la sociedad o cualquier otro documento oficial necesario.

La autoridad de registro y las ECR se encargan por tanto de identificar de manera inequívoca a los/as usuarios/as para que, posteriormente, estos puedan obtener los certificados.

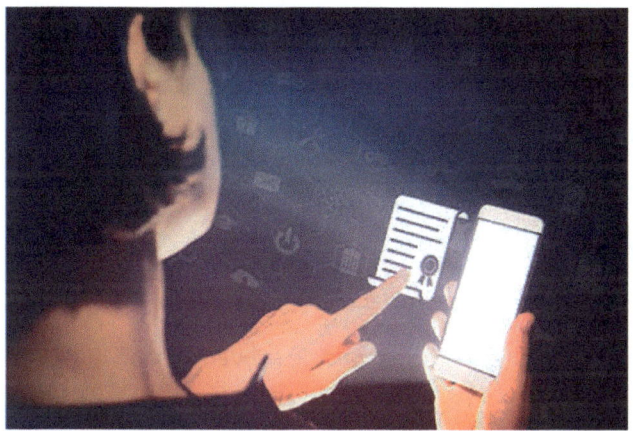

¿Cómo solicitar el certificado digital de la FNMT para una persona física?

El certificado digital FNMT de persona física es la certificación electrónica expedida por la FNMT-RCM que vincula a su suscriptor con unos datos de verificación de firma y confirma su identidad.

Este certificado, también conocido como certificado de ciudadano o de usuario, es un documento digital que contiene tus datos identificativos. Te permitirá identificarte en Internet e intercambiar información con otras personas y organismos con la garantía de que solo tú y tu interlocutor pueden acceder a ella.

¿Quién puede obtener un certificado digital de persona física?

Cualquier ciudadano español o extranjero, mayor de edad o menor emancipado que esté en posesión de su DNI o NIE, podrá solicitar y obtener su certificado digital de forma gratuita para firmar y acreditar su identidad de forma segura en Internet.

¿Cómo puedo obtener el certificado?

Existen 3 formas distintas para obtener su Certificado electrónico de Ciudadano como archivo descargable en su ordenador o dispositivo móvil:

⇨ Con vídeo identificación.

⇨ Con acreditación presencial en una oficina.

⇨ Utilizando su DNIe.

111

Para qué sirve

El certificado digital de persona física le permitirá realizar trámites de forma segura con la Administración Pública y entidades privadas a través de Internet, como, por ejemplo:

⇨ Presentación y liquidación de impuestos.

⇨ Presentación de recursos y reclamaciones.

⇨ Cumplimentación de los datos del censo de población y viviendas.

⇨ Consulta e inscripción en el padrón municipal.

⇨ Consulta de multas de circulación.

⇨ Consulta y trámites para solicitud de subvenciones.

⇨ Consulta de asignación de colegios electorales.

⇨ Actuaciones comunicadas.

⇨ Firma electrónica de documentos y formularios oficiales.

2.2. Proceso para obtener un certificado

2.2.1. Configuración previa

Antes de comenzar con el proceso de solicitud de su Certificado, deberá asegurarse de que su equipo tiene instalado el software necesario para la generación de claves. Este software se llama "CONFIGURADOR FNMT-RCM".

Seguir atentamente las siguientes instrucciones para evitar posibles errores durante el proceso de obtención de su certificado:

⇨ **Recordatorios imprescindibles:**

- No formatear el ordenador, entre el proceso de solicitud y el de descarga del certificado.

- Se debe realizar todo el proceso de obtención desde el mismo equipo y mismo usuario.

- Es importante leer atentamente la Declaración de Prácticas de Certificación previamente a la solicitud del certificado. En ella se encuentran las condiciones bajo las cuales se prestan los servicios de certificación.

⇨ **Navegadores compatibles:**

Última versión de cualquiera de los siguientes navegadores:

- Mozilla Firefox.

- Google Chrome.

- Microsoft EDGE.

- Opera.

- Safari.

⇨ **Software necesario para la solicitud del certificado**.

La Fábrica Nacional de Moneda y Timbre ha desarrollado la aplicación CONFI-GURADOR FNMT-RCM para solicitar las claves necesarias en la obtención de un certificado digital. Puede ser ejecutada en cualquier navegador y sistema Operativo.

Una vez descargado e instalado el software no es necesario hacer nada, este se ejecutará cuando el navegador lo requiera.

2.2.2. Solicitud de certificado

La **solicitud del certificado** se hace de forma telemática desde la web de la FNMT, desde este enlace *https://www.sede.fnmt.gob.es/certificados/persona-fisica/obtener-certificado-software/solicitar-certificado*

Antes de realizar este paso es necesario instalar el software del paso 1 Configuración.

Los datos que hay que introducir son:

⇨ Nº del documento de identificación.

⇨ Primer apellido (tal y como aparece en su documento de identificación).

⇨ Correo electrónico.

Instrucciones:

⇨ Recuerde que para evitar problemas en la solicitud y descarga de su certificado es necesario haber configurado correctamente su navegador. En nuestra sede electrónica encontrará el software de configuración automática.

⇨ El nº del documento de identificación (NIF / NIE) deberá tener una longitud de 9 caracteres. Rellene con ceros a la izquierda si es necesario

⇨ Asegúrese de que el correo electrónico asociado a su certificado es correcto, ya que a través de éste se enviarán todas las notificaciones sobre el ciclo de vida de su certificado.

Con la emisión de su nuevo certificado FNMT de Persona Física el solicitante autoriza a la FNMT-RCM a revocar y dejar sin efecto cualquier certificado del mismo tipo que la FNMT-RCM le haya emitido con carácter previo e idénticos nombre, apellidos y NIF.

Asegúrese que en esta solicitud le solicita establecer una contraseña nueva para solicitar el código y que será también requerida en el paso 4 de la Descarga, en caso de olvido, la contraseña no se podrá recuperar teniendo que iniciar de nuevo la solicitud.

2.2.3. Acreditar identidad

Tras haber realizado la configuración previa (paso 1) y haber completado la solicitud de su certificado (paso 2), ya estará en posesión de su Código de Solicitud. Para continuar el solicitante y futuro titular del certificado deberá acudir personalmente a una Oficina de Acreditación de Identidad para **acreditar su propia identidad**.

Si por cualquier circunstancia no pudiera hacerlo personalmente, podrá ir una tercera persona en su nombre. pero se le exigirá la previa legitimación de su firma del contrato ante notario.

Cuando acredite su identidad en una oficina de acreditación de identidad tendrá inmediatamente disponible la descarga de su certificado por lo que le recomendamos descargarlo lo antes posible.

⇨ **Documentación necesaria para acreditar identidad**

El solicitante del certificado deberá presentarse en una de nuestras Oficinas de Acreditación de Identidad para acreditar sus datos por el documento de identidad válido, vigente y en formato original o en su defecto, una fotocopia compulsada oficialmente.

Ciudadano de nacionalidad española

- El código de solicitud que le ha sido remitido a su cuenta de correo electrónico y

- El Documento Nacional de Identidad (DNI), pasaporte o carné de conducir.

Ciudadano de la Unión Europea

- El código de solicitud que le ha sido remitido a su cuenta de correo electrónico y

- Documento Nacional de Identificación de Extranjeros donde conste el NIE junto con Pasaporte o documento de identidad de país de origen, o

- Certificado de Ciudadano de la Unión donde conste el NIE junto con Pasaporte o documento de identidad de país de origen, o

- Documento oficial de concesión del NIF/NIE, junto con el pasaporte o el documento de identidad del país de origen.

Ciudadano extranjero

- El código de solicitud que le ha sido remitido a su cuenta de correo electrónico y

- Tarjeta Roja/Verde/Blanca de Identificación de Extranjeros donde consta el NIE junto con el pasaporte, o

- Documento oficial de concesión del NIF/NIE junto con el pasaporte.

⇨ **¿Dónde puede acreditar su identidad?**

La FNMT ha habilitado más de 2.400 Oficinas de Acreditación de Identidad distribuidas por todo el territorio nacional.

La página web ofrece un localizador de oficinas. En las oficinas de la AEAT, Seguridad Social y en otras oficinas se requiere de cita previa, se puede consultar con la propia oficina.

En el extranjero están disponibles las Oficinas Consulares de carrera de España en el extranjero, no siendo posible en los registros aduaneros.

2.2.4. Descargar certificado

Para **descargar el certificado** debe usar el mismo ordenador y el mismo usuario con el que realizó la Solicitud e introducir los datos requeridos exactamente tal y como los introdujo entonces.

Para descargar e instalar su certificado introduzca la siguiente información:

⇨ Nº del documento de identificación.

⇨ Primer apellido.

⇨ Código de solicitud.

Recuerde que, en caso de haber llevado a cabo la solicitud del certificado con una tarjeta u otro dispositivo criptográfico, antes de realizar la descarga, debe asegurarse de que dicho dispositivo está listo para ser usado. En otro caso, la instalación del certificado deberá llevarla a cabo en el mismo equipo en el que realizó la solicitud.

2.3. Identidad y atributos de los titulares de certificados cualificados

La Ley 6/2020, de 11 de noviembre, reguladora de determinados aspectos de los servicios electrónicos de confianza, regula cómo demostrar la indentidad en certificados electrónicos:

Artículo 6. Identidad y atributos de los titulares de certificados cualificados

1. La identidad del titular en los certificados cualificados se consignará de la siguiente forma:

    a) En el supuesto de certificados de firma electrónica y de autenticación de sitio web expedidos a personas físicas, por su nombre y apellidos y su número de Documento Nacional de Identidad, número de identidad de extranjero o número de identificación fiscal, o a través de un pseudónimo que conste como tal de manera inequívoca. Los números anteriores podrán sustituirse por otro código o número identificativo únicamente en caso de que el titular carezca de todos ellos por causa lícita, siempre que le identifique de forma unívoca y permanente en el tiempo.

    b) En el supuesto de certificados de sello electrónico y de autenticación de sitio web expedidos a personas jurídicas, por su denominación o razón social y su número de identificación fiscal. En defecto de este, deberá indicarse otro código identificativo que le identifique de forma unívoca y permanente en el tiempo, tal como se recoja en los registros oficiales.

2. Si los certificados admiten una relación de representación incluirán la identidad de la persona física o jurídica representada en las formas previstas en el apartado anterior, así como una indicación del documento, público si resulta exigible, que acredite de forma fehaciente las facultades del firmante para actuar en nombre de la persona o entidad a la que represente y, en caso de ser obligatoria la inscripción, de los datos registrales.

Artículo 7. Comprobación de la identidad y otras circunstancias de los solicitantes de un certificado cualificado

1. La identificación de la persona física que solicite un certificado cualificado exigirá su personación ante los encargados de verificarla y se acreditará mediante el Documento Nacional de Identidad, pasaporte u otros medios

admitidos en Derecho. Podrá prescindirse de la personación de la persona física que solicite un certificado cualificado si su firma en la solicitud de expedición de un certificado cualificado ha sido legitimada en presencia notarial.

2. Reglamentariamente, mediante Orden de la persona titular del Ministerio de Asuntos Económicos y Transformación Digital, se determinarán otras condiciones y requisitos técnicos de verificación de la identidad a distancia y, si procede, otros atributos específicos de la persona solicitante de un certificado cualificado, mediante otros métodos de identificación como videoconferencia o vídeo-identificación que aporten una seguridad equivalente en términos de fiabilidad a la presencia física según su evaluación por un organismo de evaluación de la conformidad. La determinación de dichas condiciones y requisitos técnicos se realizará a partir de los estándares que, en su caso, hayan sido determinados a nivel comunitario.

    Serán considerados métodos de identificación reconocidos a escala nacional, a los efectos de lo previsto en el presente apartado, aquellos que aporten una seguridad equivalente en términos de fiabilidad a la presencia física y cuya equivalencia en el nivel de seguridad sea certificada por un organismo de evaluación de la conformidad, de acuerdo con lo previsto en la normativa en materia de servicios electrónicos de confianza.

3. La forma en que se ha procedido a identificar a la persona física solicitante podrá constar en el certificado. En otro caso, los prestadores de servicios de confianza deberán colaborar entre sí para determinar cuándo se produjo la última personación.

4. En el caso de certificados cualificados de sello electrónico y de firma electrónica con atributo de representante, los prestadores de servicios de confianza comprobarán, además de los datos señalados en los apartados anteriores, los datos relativos a la constitución y personalidad jurídica, y a la persona o entidad representada, respectivamente, así como la extensión y vigencia de las facultades de representación del solicitante mediante los documentos, públicos si resultan exigibles, que sirvan para acreditar los extremos citados de manera fehaciente y su inscripción en el correspondiente registro público si así resulta exigible. Esta comprobación podrá realizarse, asimismo, mediante consulta en el registro público en el que estén inscritos los documentos de constitución y de apoderamiento, pudiendo emplear los medios telemáticos facilitados por los citados registros públicos.

5. Cuando el certificado cualificado contenga otras circunstancias personales o atributos del solicitante, como su condición de titular de un cargo público, su pertenencia a un colegio profesional o su titulación, estas deberán comprobarse mediante los documentos oficiales que las acrediten, de conformidad con su normativa específica.

6. Lo dispuesto en los apartados anteriores podrá no ser exigible cuando la identidad u otras circunstancias permanentes de los solicitantes de los certificados constaran ya al prestador de servicios de confianza en virtud de una relación preexistente, en la que, para la identificación del interesado, se hubiese empleado el medio señalado en el apartado 1 y el período de tiempo transcurrido desde la identificación fuese menor de cinco años.

7. El Ministerio de Asuntos Económicos y Transformación Digital velará por que los prestadores cualificados de servicios electrónicos de confianza puedan contribuir a la elaboración de la norma reglamentaria prevista en el apartad 2 del presente artículo, de acuerdo con lo previsto en el artículo 26.6 de la Ley 50/1997, de 27 de noviembre, del Gobierno.

3. Autoridades de Certificación

Los responsables de emitir y revocar los certificados digitales o electrónicos, utilizados en la firma electrónica, son las autoridades de certificación.

A continuación, le mostramos las principales autoridades de certificación españolas que emiten certificados electrónicos de persona física:

1. Fábrica Nacional de Moneda y Timbre (FNMT).

2. Agència Catalana de Certificació (CATCert).

3. Agencia Notarial de Certificación (ANCERT).

4. ANF Autoridad de Certificación (ANF AC).

5. Autoridad de Certificación de la Abogacía (ACA).

6. Autoridad de Certificación HealthSign.

7. Autoritat de Certificació de la Comunitat Valenciana (ACCV).

8. Camerfirma.

9. EDICOM.

10. Firma Profesional.

11. IZENPE.

En esta unidad hemos tratado:

- La **firma electrónica**, entendida como un conjunto de datos que pueden identificar al firmante y que se caracteriza por:

  ⇨ Autentificación.

  ⇨ Integridad.

  ⇨ No repudio.

- El **certificado electrónico**. Hemos visto que se puede obtener de una autoridad de certificación o a través de determinadas empresas constituidas como entidades colaboradoras y que pueden hacerlo tanto las personas físicas como las jurídicas.

  También hemos estudiado paso a paso, cómo obtenerlo:

  ⇨ Configuración previa para la configuración de claves.

  ⇨ Solicitud en la web https://www.sede.fnmt.gob.es/.

  ⇨ Acreditación de la propia identidad (una vez tengamos el código de solicitud).

  ⇨ Descarga del certificado (en el mismo ordenador y con el mismo usuario).

- Además, con la **Ley 6/2020, de 11 de noviembre**, reguladora de determinados aspectos de los servicios electrónicos de confianza, hemos estudiado que la identidad del titular se consigna:

  ⇨ Certificados de firma electrónica y autentificación de sitios web-persona física: nombre y apellidos + número de DNI (o nº de identidad de extranjero o de identificación fiscal).

  ⇨ Certificados de sello electrónico y de autenticación de sitio web- persona jurídica: denominación o razón social + número de identificación fiscal.

- Las **Autoridades de Certificación**. Son quienes emiten y revocan los certificados digitales o electrónicos utilizados en la firma electrónica.

UNIDAD DIDÁCTICA 5

Seguridad y recomendaciones

Introducción

1. Seguridad en la protección de datos

2. Seguridad en Internet

Resumen

Los **objetivos** de esta unidad son:

1. Tener unas nociones básicas de protección de datos de carácter personal.

2. Complementar esas nociones de protección de datos con unas pequeñas pautas para mejorar la seguridad de nuestro sistema.

Introducción

En esta unidad trataremos de proteger lo que ya tenemos. Por una parte, desde el punto de vista de protección de datos de carácter personal es importante conocer cuáles son los principios, derechos e información que nos han de ofrecer las empresas y administraciones cuando nos solicitan datos de carácter personal, por otra trataremos cómo hemos de proteger nuestros datos desde el punto de vista informático.

1. Seguridad en la protección de datos

1.1. Terminología sobre protección de datos

La evolución de las nuevas tecnologías y su aplicación a los sistemas de información ha dado como resultado una serie de cambios y transformaciones que pueden afectar las relaciones entre las personas. La información se almacena, se maneja, se trata automáticamente, se cruza con otra información y se transmite por medio de redes electrónicas. Hoy es perfectamente posible agrupar y tratar datos de los individuos de manera conjunta, interrelacionándolos y cruzándolos y, a la vez, transmitiéndolos de forma que queden fuera del control de la persona titular de los datos.

 Todo esto afecta a los llamados datos personales.

Para comenzar y antes de entrar en materia es importante relacionar la terminología de protección de datos:

1. **Datos personales**

   Toda información sobre una persona física identificada o identificable ("el interesado"); se considerará persona física identificable toda persona cuya identidad pueda determinarse, directa o indirectamente, en particular mediante un identificador, como por ejemplo un nombre, un número de identificación, datos de localización, un identificador en línea o uno o varios elementos propios de la identidad física, fisiológica, genética, psíquica, económica, cultural o social de dicha persona.

2. **Tratamiento**

   Cualquier operación o conjunto de operaciones realizadas sobre datos personales o conjuntos de datos personales, ya sea por procedimientos automatizados o no, como la recogida, registro, organización, estructuración, conservación, adaptación o modificación, extracción, consulta, utilización, comunicación por

123

transmisión, difusión o cualquier otra forma de habilitación de acceso, cotejo o interconexión, limitación, supresión o destrucción.

3. **Limitación del tratamiento**

El marcado de los datos de carácter personal conservados con el fin de limitar su tratamiento en el futuro.

4. **Elaboración de perfiles**

Toda forma de tratamiento automatizado de datos personales consistente en utilizar datos personales para evaluar determinados aspectos personales de una persona física, en particular para analizar o predecir aspectos relativos al rendimiento profesional, situación económica, salud, preferencias personales, intereses, fiabilidad, comportamiento, ubicación o movimientos de dicha persona física.

5. **Seudonimización**

El tratamiento de datos personales de manera tal que ya no puedan atribuirse a un interesado sin utilizar información adicional, siempre que dicha información adicional figure por separado y esté sujeta a medidas técnicas y organizativas destinadas a garantizar que los datos personales no se atribuyan a una persona física identificada o identificable.

6. **Fichero**

Todo conjunto estructurado de datos personales, accesibles con arreglo a criterios determinados, ya sea centralizado, descentralizado o repartido de forma funcional o geográfica.

7. **Responsable del tratamiento**

La persona física o jurídica, autoridad pública, servicio u otro organismo que, solo o junto con otros, determine los fines y medios del tratamiento; si el Derecho de la Unión o de los Estados miembros determina los fines y medios del tratamiento, el responsable del tratamiento o los criterios específicos para su nombramiento podrá establecerlos el Derecho de la Unión o de los Estados miembros.

8. **Encargado del tratamiento**

La persona física o jurídica, autoridad pública, servicio u otro organismo que trate datos personales por cuenta del responsable del tratamiento.

9. **Destinatario**

La persona física o jurídica, autoridad pública, servicio u otro organismo al que se comuniquen datos personales, se trate o no de un tercero. No obstante, no se considerarán destinatarios las autoridades públicas que puedan recibir datos personales en el marco de una investigación concreta de conformidad con el Derecho de la Unión o de los Estados miembros; el tratamiento de tales datos por dichas autoridades públicas será conforme con las normas en materia de protección de datos aplicables a los fines del tratamiento.

10. **Tercero**

Persona física o jurídica, autoridad pública, servicio u organismo distinto del interesado, del responsable del tratamiento, del encargado del tratamiento y de las personas autorizadas para tratar los datos personales bajo la autoridad directa del responsable o del encargado.

11. **Consentimiento del interesado**

Toda manifestación de voluntad libre, específica, informada e inequívoca por la que el interesado acepta, ya sea mediante una declaración o una clara acción afirmativa, el tratamiento de datos personales que le conciernen.

12. **Violación de la seguridad de los datos personales**

Toda violación de la seguridad que ocasione la destrucción, pérdida o alteración accidental o ilícita de datos personales transmitidos, conservados o tratados de otra forma, o la comunicación o acceso no autorizados a dichos datos.

13. **Datos genéticos**

Datos personales relativos a las características genéticas heredadas o adquiridas de una persona física que proporcionen una información única sobre la fisiología o la salud de esa persona, obtenidos en particular del análisis de una muestra biológica de tal persona.

14. **Datos biométricos**

Datos personales obtenidos a partir de un tratamiento técnico específico, relativos a las características físicas, fisiológicas o conductuales de una persona física que permitan o confirmen la identificación única de dicha persona, como imágenes faciales o datos dactiloscópicos.

15. **Datos relativos a la salud**

Datos personales relativos a la salud física o mental de una persona física, incluida la prestación de servicios de atención sanitaria, que revelen información sobre su estado de salud.

16. **Establecimiento principal**

a) En lo que se refiere a un responsable del tratamiento con establecimientos en más de un Estado miembro, el lugar de su administración central en la Unión, salvo que las decisiones sobre los fines y los medios del trata-miento se tomen en otro establecimiento del responsable en la Unión y este último establecimiento tenga el poder de hacer aplicar tales decisio-nes, en cuyo caso el establecimiento que haya adoptado tales decisiones se considerará establecimiento principal.

b) En lo que se refiere a un encargado del tratamiento con establecimien-tos en más de un Estado miembro, el lugar de su administración central en la Unión o, si careciera de esta, el establecimiento del encargado en la Unión en el que se realicen las principales actividades de tratamiento en el contexto de las actividades de un establecimiento del encargado en la medida en que el encargado esté sujeto a obligaciones específicas con arreglo al reglamento de protección de datos.

17. Representante

Persona física o jurídica establecida en la Unión que, habiendo sido designada por escrito por el responsable o el encargado del tratamiento, represente al responsable o al encargado en lo que respecta a sus respectivas obligaciones en virtud del reglamento.

18. Empresa

Persona física o jurídica dedicada a una actividad económica, independiente-mente de su forma jurídica, incluidas las sociedades o asociaciones que desem-peñen regularmente una actividad económica.

19. Grupo empresarial

Grupo constituido por una empresa que ejerce el control y sus empresas controladas.

20. Normas corporativas vinculantes

Las políticas de protección de datos personales asumidas por un responsable o encargado del tratamiento establecido en el territorio de un Estado miembro para transferencias o un conjunto de transferencias de datos personales a un responsable o encargado en uno o más países terceros, dentro de un grupo empresarial o una unión de empresas dedicadas a una actividad económica conjunta.

21. Autoridad de control

La autoridad pública independiente establecida por un Estado miembro con arreglo a lo dispuesto en el reglamento.

22. **Autoridad de control interesada**

La autoridad de control a la que afecta el tratamiento de datos personales debido a que:

a) El responsable o el encargado del tratamiento está establecido en el territorio del Estado miembro de esa autoridad de control.

b) Los interesados que residen en el Estado miembro de esa autoridad de control se ven sustancialmente afectados o es probable que se vean sustancialmente afectados por el tratamiento.

c) Se ha presentado una reclamación ante esa autoridad de control.

23. **Tratamiento transfronterizo**

a) El tratamiento de datos personales realizado en el contexto de las actividades de establecimientos en más de un Estado miembro de un responsable o un encargado del tratamiento en la Unión, si el responsable o el encargado está establecido en más de un Estado miembro, o

b) el tratamiento de datos personales realizado en el contexto de las actividades de un único establecimiento de un responsable o un encargado del tratamiento en la Unión, pero que afecta sustancialmente o es probable que afecte sustancialmente a interesados en más de un Estado miembro.

24. **Objeción pertinente y motivada**

La objeción a una propuesta de decisión sobre la existencia o no de infracción del reglamento, o sobre la conformidad con el reglamento de acciones previstas en relación con el responsable o el encargado del tratamiento, que demuestre claramente la importancia de los riesgos que entraña el proyecto de decisión para los derechos y libertades fundamentales de los interesados y, en su caso, para la libre circulación de datos personales dentro de la Unión.

25. **Servicio de la sociedad de la información**

Todo servicio conforme a la definición del artículo 1, apartado 1, letra b), de la Directiva (UE) 2015/1535 del Parlamento Europeo y del Consejo.

26. **Organización internacional**

Una organización internacional y sus entes subordinados de Derecho internacional público o cualquier otro organismo creado mediante un acuerdo entre dos o más países o en virtud de tal acuerdo.

1.2. Ley Orgánica 3/2018, de 5 de diciembre, de Protección de Datos Personales y garantía de los derechos digitales

1.2.1. Ámbito de aplicación

Un punto siempre importante en cualquier ley, y a destacar en esta, es el del ámbito de actuación y, sobre todo, las excepciones recogidas en el artículo 2.

⇨ **Ámbito de aplicación**

Ley orgánica que se aplica a cualquier tratamiento total o parcialmente automatizado de datos personales, así como al tratamiento no automatizado de datos personales contenidos o destinados a ser incluidos en un fichero.

⇨ **Excepciones al ámbito de aplicación**

a) A los tratamientos excluidos del ámbito de aplicación del Reglamento general de protección de datos:

• Tratamientos en el ejercicio de una actividad no comprendida en el ámbito de aplicación del Derecho de la Unión.

• Tratamientos por parte de los Estados miembros cuando lleven a cabo actividades comprendidas en el ámbito de aplicación del capítulo 2 del título V del Tratado de la Unión Europea (política exterior y seguridad común).

• Tratamientos efectuados por una persona física en el ejercicio de actividades exclusivamente personales o domésticas.

• Tratamientos efectuados por parte de las autoridades competentes con fines de prevención, investigación, detección o enjuiciamiento de infracciones penales, o de ejecución de sanciones penales, incluida la de protección frente a amenazas a la seguridad pública y su prevención.

b) A los tratamientos de datos de personas fallecidas.

c) A los tratamientos sometidos a la normativa sobre protección de materias clasificadas.

Los tratamientos a los que no sea directamente aplicable el Reglamento (UE) 2016/679 por afectar a actividades no comprendidas en el ámbito de aplicación del Derecho de la Unión Europea, se regirán por lo dispuesto en su legislación específica si la hubiere y supletoriamente por lo establecido en el citado reglamento y en la ley orgánica. Se encuentran en esta situación, entre otros, los tratamientos realizados al amparo de:

⇨ La legislación orgánica del régimen electoral general.

⇨ Los tratamientos realizados en el ámbito de instituciones penitenciarias.

⇨ Los tratamientos derivados del Registro Civil, los Registros de la Propiedad y Mercantiles.

El tratamiento de datos llevado a cabo con ocasión de la tramitación por los órganos judiciales de los procesos de los que sean competentes, así como el realizado dentro de la gestión de la Oficina Judicial, se regirán por lo dispuesto en el Reglamento (UE) 2016/679 y la ley orgánica, sin perjuicio de las disposiciones de la Ley Orgánica 6/1985, de 1 julio, del Poder Judicial, que le sean aplicables.

Según el artículo 3 de la Ley Orgánica, si bien la ley no se aplica a los difuntos, las personas vinculadas a un fallecido por razones familiares, o de hecho, o sus herederos pueden solicitar el acceso, la rectificación o supresión de los datos personales de la persona fallecida, salvo que esta lo hubiese prohibido expresamente en vida o así lo establezca una ley. Más concretamente:

1. Las personas vinculadas al fallecido por razones familiares o de hecho, así como sus herederos, podrán dirigirse al responsable o encargado del tratamiento al objeto de solicitar el acceso a los datos personales de aquella y, en su caso, su rectificación o supresión.

   Como **excepción**, las personas a las que se refiere el párrafo anterior no podrán acceder a los datos del causante, ni solicitar su rectificación o supresión, cuando la persona fallecida lo hubiese prohibido expresamente o así lo establezca una ley. Dicha prohibición no afectará al derecho de los herederos a acceder a los datos de carácter patrimonial del causante.

2. Las personas o instituciones a las que el fallecido hubiese designado expresamente para ello podrán también solicitar, con arreglo a las instrucciones recibidas, el acceso a los datos personales de este y, en su caso, su rectificación o supresión.

 Mediante real decreto se establecerán los requisitos y condiciones para acreditar la validez y vigencia de estos mandatos e instrucciones y, en su caso, el registro de los mismos.

3. En caso de fallecimiento de menores, estas facultades podrán ejercerse también por sus representantes legales o, en el marco de sus competencias, por el Ministerio Fiscal, que podrá actuar de oficio o a instancia de cualquier persona física o jurídica interesada.

En caso de fallecimiento de personas con discapacidad, estas facultades también podrán ejercerse, además de por quienes señala el párrafo anterior, por quienes hubiesen sido designados para el ejercicio de funciones de apoyo, si tales facultades se entendieran comprendidas en las medidas de apoyo prestadas por el designado.

1.2.2. Principios de protección de datos

Los principales principios de protección de datos son:

1. **Lealtad, licitud y transparencia**

   Tratados de manera lícita, leal y transparente en relación con el interesado. Aquí es importante señalar lo que especifica el Reglamento sobre la licitud del tratamiento porque a pesar de que el principal motivo de licitud del tratamiento es el consentimiento inequívoco del ciudadano, se dan más casos de licitud del tratamiento lo que conllevará y dará pie a las excepciones al consentimiento del ciudadano.

2. **Limitación en la finalidad**

   Recogidos con fines determinados, explícitos y legítimos y no serán tratados ulteriormente de manera incompatible con dichos fines; el tratamiento ulterior de los datos personales con fines de archivo en interés público, fines de investigación científica e histórica o fines estadísticos no se considerará incompatible con los fines iniciales.

3. **Minimización de datos**

   Adecuados, pertinentes y limitados a lo necesario en relación con los fines para los que son tratados.

4. **Exactitud**

   Exactos y, si fuera necesario, actualizados; se adoptarán todas las medidas razonables para que se supriman o rectifiquen sin dilación los datos personales que sean inexactos con respecto a los fines para los que se tratan.

   No será imputable al responsable del tratamiento, siempre que este haya adoptado todas las medidas razonables para que se supriman o rectifiquen sin dilación, la inexactitud de los datos personales, con respecto a los fines para los que se tratan, cuando los datos inexactos:

- Hubiesen sido obtenidos por el responsable directamente del afectado.

- Hubiesen sido obtenidos por el responsable de un mediador o interme-diario en caso de que las normas aplicables al sector de actividad al que pertenezca el responsable del tratamiento establecieran la posibilidad de intervención de un intermediario o mediador que recoja en nombre propio los datos de los afectados para su transmisión al responsable. El mediador o intermediario asumirá las responsabilidades que pudieran derivarse en el supuesto de comunicación al responsable de datos que no se correspon-dan con los facilitados por el afectado.

- Fuesen sometidos a tratamiento por el responsable por haberlos recibido de otro responsable en virtud del ejercicio por el afectado del derecho a la portabilidad conforme al artículo 20 del Reglamento (UE) 2016/679 y lo previsto la Ley Orgánica.

- Fuesen obtenidos de un registro público por el responsable.

5. **Limitación del plazo de conservación**

Mantenidos de forma que se permita la identificación de los interesados durante no más tiempo del necesario para los fines del tratamiento de los datos perso-nales; los datos personales podrán conservarse durante períodos más largos siempre que se traten exclusivamente con fines de archivo en interés público, fines de investigación científica o histórica o fines estadísticos, sin perjuicio de la aplicación de las medidas técnicas y organizativas apropiadas que impone el Reglamento a fin de proteger los derechos y libertades del interesado.

6. **Integridad y confidencialidad**

Tratados de tal manera que se garantice una seguridad adecuada de los datos personales, incluida la protección contra el tratamiento no autorizado o ilícito y contra su pérdida, destrucción o daño accidental, mediante la aplicación de medidas técnicas u organizativas apropiadas.

7. **Responsabilidad proactiva**

El responsable del tratamiento será responsable del cumplimiento de lo dispuesto en los anteriores derechos y capaz de demostrarlo.

El RGPD describe este principio como la necesidad de que el responsable del tratamiento aplique medidas técnicas y organizativas apropiadas a fin de garantizar y poder demostrar que el tratamiento es conforme con la norma.

En términos prácticos, este principio requiere que las organizaciones analicen qué datos tratan, con qué finalidades lo hacen y qué tipo de operaciones de tratamiento llevan a cabo. A partir de este conocimiento deben determinar de forma explícita la forma en que aplicarán las medidas que el RGPD prevé, asegurándose de que esas medidas son las adecuadas para cumplir con el mismo y de que pueden demostrarlo ante los interesados y ante las autoridades de supervisión.

En síntesis, este principio exige una actitud consciente, diligente y proactiva por parte de las organizaciones frente a todos los tratamientos de datos personales que lleven a cabo.

Además, el RGPD adopta un enfoque proactivo, exigiendo que el responsable adopte medidas preventivas dirigidas a reducir los riesgos de incumplimiento y, además, que esté en condiciones de demostrar que ha implantado esas medidas y que las mismas son las adecuadas para lograr la finalidad perseguida.

Estas medidas de responsabilidad activa son:

⇨ Análisis de riesgo.

⇨ Registro de actividades de tratamiento.

⇨ Protección de Datos desde la Protección de Datos.

⇨ Medidas de seguridad.

⇨ Notificación de "violaciones de seguridad de los datos".

⇨ Evaluación de impacto sobre la Protección de Datos.

⇨ Delegado de Protección de Datos.

- **Marco legal**

Deber de confidencialidad (art. 5)

⇨ La obligación de la confidencialidad será complementaria de los deberes de secreto profesional de conformidad con su normativa aplicable.

⇨ Las obligaciones a la confidencialidad se mantendrán aun cuando hubiese finalizado la relación del obligado con el responsable o encargado del tratamiento.

Tratamiento basado en el consentimiento del afectado (art. 6)

1. De conformidad con lo dispuesto en el artículo 4.11 del Reglamento (UE) 2016/679, se entiende por consentimiento del afectado toda manifestación de voluntad libre, específica, informada e inequívoca por la que este acepta, ya sea mediante una declaración o una clara acción afirmativa, el tratamiento de datos personales que le conciernen.

2. Cuando se pretenda fundar el tratamiento de los datos en el consentimiento del afectado para una pluralidad de finalidades será preciso que conste de manera específica e inequívoca que dicho consentimiento se otorga para todas ellas.

3. No podrá supeditarse la ejecución del contrato a que el afectado consienta el tratamiento de los datos personales para finalidades que no guarden relación con el mantenimiento, desarrollo o control de la relación contractual.

Consentimiento de los menores de edad (art. 7)

⇨ El tratamiento de los datos personales de un menor de edad únicamente podrá fundarse en su consentimiento cuando sea mayor de catorce años.

Se exceptúan los supuestos en que la ley exija la asistencia de los titulares de la patria potestad o tutela para la celebración del acto o negocio jurídico en cuyo contexto se recaba el consentimiento para el tratamiento.

⇨ El tratamiento de los datos de los menores de catorce años, fundado en el consentimiento, solo será lícito si consta el del titular de la patria potestad o tutela, con el alcance que determinen los titulares de la patria potestad o tutela.

Categorías especiales de datos (art. 9)

1. A los efectos del artículo 9.2.a) del Reglamento (UE) 2016/679, a fin de evitar situaciones discriminatorias, el solo consentimiento del afectado no bastará para levantar la prohibición del tratamiento de datos cuya finalidad principal sea identificar su ideología, afiliación sindical, religión, orientación sexual, creencias u origen racial o étnico.

2. Los tratamientos de datos contemplados en las letras g), h) e i) del artículo 9.2 del Reglamento (UE) 2016/679 fundados en el Derecho español deberán estar amparados en una norma con rango de ley, que podrá establecer requisitos adicionales relativos a su seguridad y confidencialidad.

En particular, dicha norma podrá amparar el tratamiento de datos en el ámbito de la salud cuando así lo exija la gestión de los sistemas y servicios de asistencia sanitaria y social, pública y privada, o la ejecución de un contrato de seguro del que el afectado sea parte.

Tratamiento de datos de naturaleza penal (art. 10)

1. El tratamiento de datos personales relativos a condenas e infracciones penales, así como a procedimientos y medidas cautelares y de seguridad conexas, para fines distintos de los de prevención, investigación, detección o enjuiciamiento de infracciones penales o de ejecución de sanciones penales, solo podrá llevarse a cabo cuando se encuentre amparado en una norma de Derecho de la Unión, en esta Ley Orgánica o en otras normas de rango legal.

2. El registro completo de los datos referidos a condenas e infracciones pena-les, así como a procedimientos y medidas cautelares y de seguridad conexas a que se refiere el artículo 10 del Reglamento (UE) 2016/679, podrá realizarse conforme con lo establecido en la regulación del Sistema de registros adminis-trativos de apoyo a la Administración de Justicia.

3. Fuera de los supuestos señalados en los apartados anteriores, los tratamientos de datos referidos a condenas e infracciones penales, así como a procedimien-tos y medidas cautelares y de seguridad conexas solo serán posibles cuando sean llevados a cabo por abogados y procuradores y tengan por objeto recoger la información facilitada por sus clientes para el ejercicio de sus funciones.

Tratamiento de datos: el registro de actividades de tratamiento

Los responsables y encargados del tratamiento o, en su caso, sus representantes deberán mantener el registro de actividades de tratamiento, salvo que la empresa u organización emplee a menos de 250 personas. En todo caso el registro de activida-des se ha de realizar cuando el tratamiento que realice pueda entrañar un riesgo para los derechos y libertades de los interesados, no sea ocasional, o incluya categorías especiales de datos personales o datos personales relativos a condenas e infracciones penales.

El registro, que podrá organizarse en torno a conjuntos estructurados de datos, deberá especificar, según sus finalidades, las actividades de tratamiento llevadas a cabo y las demás circunstancias establecidas en el citado reglamento que básicamente son:

⇨ **En el caso del responsable del tratamiento**

1. El nombre y los datos de contacto del responsable y, en su caso, del corres-ponsable, del representante del responsable y del delegado de protección de datos.

2. Los fines del tratamiento.

3. Una descripción de las categorías de interesados y de las categorías de datos personales.

4. Las categorías de destinatarios a quienes se comunicaron o comunicarán los datos personales, incluidos los destinatarios en terceros países u orga-nizaciones internacionales.

5. En su caso, las transferencias de datos personales a un tercer país o una organización internacional, incluida la identificación de dicho tercer país u organización internacional y la documentación de garantías adecuadas.

6. Cuando sea posible, los plazos previstos para la supresión de las diferentes categorías de datos.

7. Cuando sea posible, una descripción general de las medidas técnicas y organizativas de seguridad.

⇨ **En el caso del encargado del tratamiento**

1. El nombre y los datos de contacto del encargado o encargados y de cada responsable por cuenta del cual actúe el encargado, y, en su caso, del representante del responsable o del encargado y del delegado de protección de datos.

2. Las categorías de tratamientos efectuados por cuenta de cada responsable.

3. En su caso, las transferencias de datos personales a un tercer país u organización internacional, incluida la identificación de dicho tercer país u organización internacional y la documentación de garantías adecuadas.

4. Cuando sea posible, una descripción general de las medidas técnicas y organizativas de seguridad.

Cuando el responsable o el encargado del tratamiento hubieran designado un delegado de protección de datos deberán comunicarle cualquier adición, modificación o exclusión en el contenido del registro.

Los **sujetos enumerados** a continuación, harán público un inventario de sus actividades de tratamiento, con la información expresada anteriormente, accesible por medios electrónicos:

1. Los órganos constitucionales o con relevancia constitucional y las instituciones de las comunidades autónomas análogas a los mismos.

2. Los órganos jurisdiccionales.

3. La Administración General del Estado, las Administraciones de las comunidades autónomas y las entidades que integran la Administración Local.

4. Los organismos públicos y entidades de Derecho público vinculadas o dependientes de las Administraciones Públicas.

5. Las autoridades administrativas independientes.

6. El Banco de España.

7. Las corporaciones de Derecho público cuando las finalidades del tratamiento se relacionen con el ejercicio de potestades de derecho público.

135

8. Las fundaciones del sector público.

9. Las Universidades Públicas.

10. Los consorcios.

11. Los grupos parlamentarios de las Cortes Generales y las Asambleas Legislativas autonómicas, así como los grupos políticos de las Corporaciones Locales.

El encargado de tratamiento (art. 33)

⇨ El acceso por parte de un encargado de tratamiento a los datos personales que resulten necesarios para la prestación de un servicio al responsable no se considerará comunicación de datos siempre que se cumpla lo establecido en el Reglamento (UE) 2016/679, en la presente Ley Orgánica y en sus normas de desarrollo.

⇨ Tendrá la consideración de responsable del tratamiento y no la de encargado quien en su propio nombre y sin que conste que actúa por cuenta de otro, establezca relaciones con los afectados aun cuando exista un contrato o acto jurídico con el contenido fijado en el Reglamento (UE) 2016/679. Esta previsión no será aplicable a los encargos de tratamiento efectuados en el marco de la legislación de contratación del sector público.

⇨ Tendrá asimismo la consideración de responsable del tratamiento quien figurando como encargado utilizase los datos para sus propias finalidades.

⇨ El responsable del tratamiento determinará si, cuando finalice la prestación de los servicios del encargado, los datos personales deben ser destruidos, devueltos al responsable o entregados, en su caso, a un nuevo encargado.

⇨ No procederá la destrucción de los datos cuando exista una previsión legal que obligue a su conservación, en cuyo caso deberán ser devueltos al responsable, que garantizará su conservación mientras tal obligación persista.

⇨ El encargado del tratamiento podrá conservar, debidamente bloqueados, los datos en tanto pudieran derivarse responsabilidades de su relación con el responsable del tratamiento.

⇨ En el ámbito del sector público podrán atribuirse las competencias propias de un encargado del tratamiento a un determinado órgano de la Administración General del Estado, la Administración de las Comunidades Autónomas, las Entidades que integran la Administración Local o a los Organismos vinculados o dependientes de las mismas mediante la adopción de una norma reguladora de dichas competencias, que deberá incorporar el contenido exigido por el artículo 28.3 del Reglamento (UE) 2016/679.

1.2.3. Derechos de los ciudadanos en materia de protección de datos

Se trata de uno de los puntos fundamentales de protección de datos, por lo que aunque la Ley no marca diferencias con el Reglamento consideramos importante relacionar todos los derechos tal y como se establecen en el Reglamento reflejando cuando sea el caso los matices que introduce la Ley.

Trataremos los siguientes derechos:

⇨ Plazo del responsable para responder al interesado.

⇨ Derecho a la información.

⇨ Derecho de acceso.

⇨ Derecho de rectificación.

⇨ Derecho de supresión (derecho al olvido).

⇨ Derecho de limitación del tratamiento.

⇨ Derecho a la portabilidad de los datos.

⇨ Derecho a la oposición.

⇨ Derecho a no ser objeto de decisiones individuales automatizadas, incluida la elaboración de perfiles.

⇨ Derechos digitales.

Los plazo del responsable para responder al interesado son:

1. En primer lugar, recordar que el responsable del tratamiento cuando reciba una solicitud del interesado para ejercitar sus derechos, facilitará al interesado información relativa a sus actuaciones, se entiende que sin dilación y, en cualquier caso, en el plazo de un mes a partir de la recepción de la solicitud. Dicho plazo podrá prorrogarse otros dos meses en caso necesario, teniendo en cuenta la complejidad y el número de solicitudes.

2. El responsable informará al interesado de cualquiera de dichas prórrogas en el plazo de un mes a partir de la recepción de la solicitud, indicando los motivos de la dilación. Cuando el interesado presente la solicitud por medios electrónicos, la información se facilitará por medios electrónicos cuando sea posible, a menos que el interesado solicite que se facilite de otro modo. Si el responsable del tratamiento no da curso a la solicitud del interesado, le informará sin dilación, y a más tardar transcurrido un mes de la recepción de la solicitud, de las razones de su no actuación y de la posibilidad de presentar una reclamación ante una autoridad de control y de ejercitar acciones judiciales.

3. La información facilitada en virtud de los artículos 13 y 14 del Reglamento, así como toda comunicación y cualquier actuación realizada en virtud de los artículos 15 a 22 y 34 serán a título gratuito.

4. Cuando las solicitudes sean manifiestamente infundadas o excesivas, especialmente debido a su carácter repetitivo, el responsable del tratamiento podrá:

    a) Cobrar un canon razonable en función de los costes administrativos afrontados para facilitar la información o la comunicación o realizar la actuación solicitada,

    b) Negarse a actuar respecto de la solicitud.

    El responsable del tratamiento soportará la carga de demostrar el carácter manifiestamente infundado o excesivo de la solicitud.

2. Seguridad en Internet

2.1. Seguridad tecnológica

Un sistema de firma electrónica permite cumplir determinadas **funciones de seguridad**:

⇨ **Integridad**. El contenido del mensaje no podrá sufrir ninguna modificación accidental o intencionada una vez haya sido firmado.

⇨ **Identificación del firmante**. Gracias a la firma electrónica, podremos conocer quién es el emisor del mensaje, el contenido de este y sus características.

⇨ **Prueba de conformidad con lo firmado**. El firmante está de acuerdo con todo el contenido del documento o se vincula con él de alguna forma, ya sea como autor, revisor, etc.

⇨ **Momento de la firma**. Si la firma se hiciese correctamente, añadiendo información temporal veraz, es posible saber que el documento existía antes de un momento dado, que es el que se indica como momento de la firma.

Además de estas funciones de seguridad, existen **otros principios** que satisfacen de una manera positiva todo el protocolo:

⇨ Disponibilidad.

⇨ Auditabilidad.

⇨ Fiabilidad.

⇨ Confidencialidad.

⇨ Detección de mensajes faltantes en una secuencia.

⇨ Acuse de recibo.

⇨ Poder bastante para el acto.

⇨ Evidencia legal.

2.2. Seguridad en las compras

2.2.1. Aspectos generales

Si queremos crear un sitio web debemos ser conscientes y reconocer que estamos creando un dominio que está expuesto a una serie de peligros. Por tanto, necesitamos asegurarnos de que se han puesto en marcha unos niveles adecuados de seguridad, entre otros:

⇨ Cortafuegos.

⇨ Supervisión de software para la protección de las páginas web.

⇨ Métodos de codificación para proteger las transacciones con los clientes.

 Complementaremos lo anterior con una constante supervisión, análisis e informes sobre la seguridad de toda la infraestructura de nuestra empresa. Podemos visitar web como www.webtrends. com para hacernos una idea de todo lo que hay disponible en cuestiones de seguridad.

Un **entorno seguro** de comercio electrónico requiere de:

1. Control de acceso, normalmente administrado por un cortafuegos.

2. Autenticación, que vincula un determinado mensaje o transacción con la identidad de una persona (volveremos más adelante sobre ello).

3. Integridad y privacidad de los datos, que asegura que las comunicaciones y transacciones se mantienen exactas y confidenciales.

2.2.2. Los ataques de denegación de servicio

Un ataque de denegación de servicio se produce cuando un hacker intenta evitar que los legítimos usuarios de un sitio web puedan acceder al mismo. Entre los ejemplos de este tipo de ataque tenemos:

1. El **"ping de la muerte"**, que utiliza un paquete de pruebas más grande de lo tolerado, con lo que puede producir la caída del sistema o problemas con los programas de redes que funcionan en el ordenador-víctima.

2. Intentos de **"inundar"** una red, con lo que impide el tráfico habitual en la misma, el acceso a la misma.

3. La **"bomba de correo"**, que envía un gran flujo de correo electrónico a un servidor de correo electrónico para sobrecargarlo, de modo que los usuarios legítimos ven que se les niega el servicio.

4. La **"cerdada del sistema anfitrión"**, donde se ejecuta realmente un programa en el sistema del sitio web atacado, lo que provoca la paralización de las CPUs del sistema y el sistema operativo, con lo que el sitio web cae.

El problema con este tipo de ataques es que son muy difíciles de contrarrestar, ya que pueden producirse a cualquier hora del día, y por el momento no existe una solución general al problema.

2.3. Nociones básicas de seguridad informática

2.3.1. Recomendaciones básicas

Unas normas básicas y muy sencillas para mantener seguro nuestro equipo serían:

1. No compartir las claves de acceso.

2. Cambiar las claves con periodicidad.

3. No utilizar claves sencillas ni que tengan relación con los datos personales.

4. Utilizar contraseñas diferentes para cada acceso importante (cuenta del banco en línea, correo electrónico, redes sociales, administrador del sistema, etc.). Puedes utilizar una misma contraseña para los accesos menos críticos.

5. Dejar el ordenador apagado o bloqueado si uno se ausenta de su puesto de trabajo.

6. Hacer salvaguarda periódica de los documentos archivados en el PC.

7. Extremar las medidas cuando se copia información de fuentes ajenas.

8. Utilizar el antivirus para rastrear cualquier archivo que se entregue, tanto a nivel privado como en su puesto de trabajo.

9. Hacer rastreos periódicos completos del ordenador.

10. Aceptar información solo de fuentes fiables.

Sobre Internet y el correo electrónico:

⇨ Desconfiar de los mensajes de remitentes desconocidos.

⇨ No ejecutar los anexos "no fiables".

⇨ Desconfiar de mensajes de alerta de remitentes extraños.

⇨ No proporcionar datos personales mediante el correo electrónico.

⇨ No descargar desde Internet programas o archivos no fiables.

⇨ No visitar lugares potencialmente peligrosos, ya que ocultan lo que suele llamarse malware: código nocivo en forma de virus, programas que recaban información personal para enviarla al exterior, etc.

2.3.2. Antivirus y cortafuegos

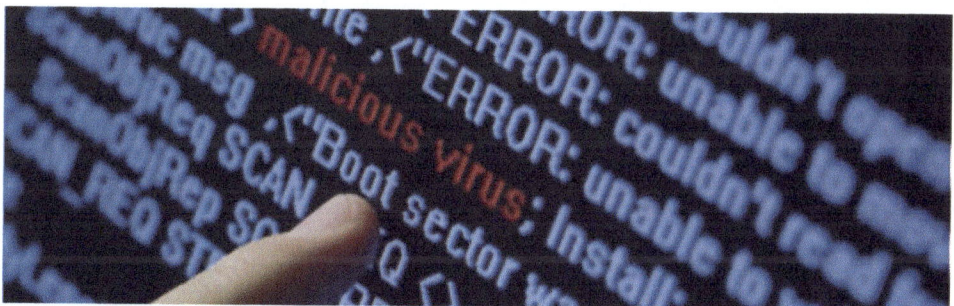

⇨ **Antivirus**

Programa informático específicamente diseñado para detectar y eliminar virus. Se debe programar para que revise todo el PC de forma periódica. Verificar también periódicamente que está activo (muchos virus detienen los programas antivirus y dejan a su ordenador indefenso frente a otros ataques). Además, cada día aparecen virus nuevos y para poder protegerse de ellos, el antivirus necesita conocer la firma, es decir, las características de estos virus. Hay que actualizar el antivirus, bien manualmente bien de forma programada, frecuentemente, y si fuera posible, diariamente.

⇨ **Cortafuegos**

También llamado firewall, es un software destinado a garantizar la seguridad en las comunicaciones vía Internet al bloquear las entradas sin autorización al ordenador y restringir la salida de información. Hay que instalar un software de este tipo si disponemos de conexión permanente a Internet, por ejemplo, mediante ADSL, y sobre todo si la dirección IP es fija.

2.3.3. Otras acciones relacionadas con la seguridad del ordenador

⇨ **Actualizar frecuentemente las aplicaciones**

Hay que actualizar frecuentemente las aplicaciones con los "parches de seguridad": las vulnerabilidades que se detectan en los programas informáticos más utilizados (navegadores de Internet, procesadores de texto, programas de correo, etc.) suelen ser, precisamente por su gran difusión, un blanco habitual de los creadores de virus. Para evitarlo, una vez detectada una vulnerabilidad, las compañías fabricantes de software ponen rápidamente a disposición de sus clientes actualizaciones, llamadas "parches de seguridad", en Internet.

⇨ **Usar software legal**

Hay que asegurarse de que todo el software en nuestro ordenador proviene de una fuente conocida y segura. No instales copias de software pirata. Además de transgredir la Ley, pueden contener virus, spyware o archivos de sistema incompatibles con los de tu ordenador, lo que provocará inestabilidad en tu equipo. Tampoco debes confiar en los archivos gratuitos que se descargan de sitios web desconocidos, ya que son una potencial vía de propagación de virus. En cualquier caso, debes analizar con el antivirus cualquier fichero que se descargue de una página web.

⇨ **Precaución con los archivos**

No descargar de Internet ni de adjuntos de correos electrónicos, ni distribuir o abrir archivos ejecutables, documentos, etc., no solicitados. Revisar con el antivirus cada nuevo elemento que se trate de incorporar a tu ordenador. No abrir ningún archivo con doble extensión (como archivo.txt.vbs).

2.4. Tipos de virus

Un virus es un programa cuyo objetivo prioritario es su propagación entre ordenadores sin ser advertido por el usuario. Sus efectos pueden limitarse a mostrar inofensivos mensajes en pantalla o bien pasar a ser más destructivos y eliminar información del disco duro o dañar la BIOS del ordenador.

Hay multitud de virus que pueden infectar nuestro ordenador mientras estamos conectados a Internet, bien visitando una página web, bien a través de los mensajes que recibimos por correo electrónico. Veamos algunos de los más importantes:

⇨ **Caballo de Troya o troyanos**

Aunque no se replican de forma automática, suelen esconderse bajo la apariencia de un programa o aplicación conocida, como compresores de archivos. Su ejecución provoca efectos no deseados que, en algunos casos, pueden llegar a borrar información sensible de nuestro disco duro. Algunos troyanos actuales pueden, incluso, permitir el acceso remoto a nuestro ordenador.

⇨ **Virus de macro**

Compuestos por conjuntos de órdenes o instrucciones escritas mediante el lenguaje de macros típico de aplicaciones ofimáticas (Word, Excel, Access ...). Al abrir uno de estos documentos infectados, los documentos que generamos a partir de entonces estarán también infectados. El daño que causen dependerá de las instrucciones escritas, pero pueden llegar a provocar la pérdida de datos importantes.

⇨ **Hoax**

A diferencia de los virus reales, se trata de correos electrónicos en los que se alerta de virus de nueva creación y se nos aconseja remitir el mismo a todos los usuarios que conozcamos. Lo que persiguen es, en realidad, dificultar el tráfico de información a través de Internet, llegando incluso a colapsar algunos servidores de correo electrónico.

⇨ **Gusanos o worms**

Un gusano es un programa informático que se reproduce a sí mismo en otras zonas de la memoria del ordenador diferentes de la que ocupa hasta que desborda la capacidad de almacenamiento de la memoria y puede enviarse a sí mismo por correo electrónico a todas las direcciones e-mail que tengamos en nuestra lista de direcciones.

La diferencia entre el gusano y el virus consiste en que el gusano se reproduce por sus propios medios y colapsa el equipo sin destruir datos (aunque puede capturarlas, tal como sucede con claves bancarias, por ejemplo), mientras que el virus necesita otros programas para reproducirse y destruye los datos almacenados.

⇨ **Spyware (programas espía)**

Programas que espían las actuaciones (sitios de navegación, caracteres escritos, etc.) de un usuario en su ordenador.

⇨ **Adware**

Código en principio no malicioso con fines comerciales pero que puede llegar a ser molesto (ventanas que se abren, etc.).

En esta unidad:

- Se ha hecho referencia en primer lugar a la Protección de datos y a la Ley que la rige actualmente, la Ley Orgánica 3/2018, de 5 de diciembre.

- Además de las definiciones que nos introducen en esta área, hemos visto cómo y cuándo puede aplicarse: cualquier tratamiento total o parcialmente automatizado de datos personales, o al tratamiento no automatizado de datos personales contenidos o destinados a ser incluidos en un fichero; todo ello con sus excepciones.

- Recordemos los siguientes principios:

  ⇨ Lealtad, licitud y transparencia.

  ⇨ Limitación en la finalidad.

  ⇨ Minimización de datos.

  ⇨ Exactitud.

  ⇨ Limitación del plazo de conservación.

  ⇨ Integridad y confidencialidad.

  ⇨ Responsabilidad proactiva.

- Recordemos que los ciudadanos tenemos una serie de derechos en relación a los datos personales (acceso, información, supresión, rectificación, etc.).

- La seguridad en internet, es otro de los temas estudiados en esta unidad. La hemos visto como seguridad tecnológica, en lo que se refiere a su integridad, identificación del firmante, prueba de conformidad con lo firmado y el momento de la firma.

- Y hemos hecho también referencia a la seguridad en las compras, algo muy práctico a día de hoy, ya que las compras por internet son cada vez más habituales. Aprendiendo tanto los conceptos relacionados como las normas básicas de seguridad que deben guiarnos al navegar por internet, podremos realizar operaciones más seguras.

TEST DE UNIDADES DIDÁCTICAS

Unidad 1

1. **La firma electrónica es equivalente a la firma manuscrita porque existe un marco legal que así lo indica y porque otorga una serie de propiedades a los datos firmados. ¿Cuál de las siguientes propiedades no otorga la firma electrónica?:**

   a) Autenticidad

   b) Integridad.

   c) Confidencialidad.

   d) Todas son correctas.

2. **Un certificado digital contiene:**

   a) Una clave pública y los datos de su propietario, todo ello firmado por un tercero de confianza.

   b) Una clave privada firmada por el propietario de la misma junto con sus datos.

   c) Una clave pública y una privada firmadas por una autoridad de certificación.

   d) Una declaración firmada del propietario del certificado atestiguando que dispone de una clave pública.

3. **El periodo de validez de los certificados electrónicos será adecuado a las características y tecnología empleada para generar los datos de creación de firma. En el caso de los certificados reconocidos este período no podrá ser superior a:**

   a) Dos años.

   b) Tres años.

   c) Cuatro años.

   d) Cinco años.

4. **La firma electrónica es:**

   a) El conjunto de ficheros en forma electrónica, consignados junto a otros o asociados con ellos, que pueden ser utilizados como medio para identificar al firmante.

   b) Es el conjunto de datos en forma electrónica, consignados junto a otros o asociados con ellos, que pueden ser utilizados como medio para identificar al firmante.

   c) Es el conjunto de datos en forma electrónica, consignados junto a otros o asociados con ellos, que pueden ser utilizados como medio para identificar al recepto.

   d) Ninguna es correcta.

5. **¿En qué consiste la criptografía?:**

a) Se trata de un conjunto de técnicas que permiten la codificación de la información de forma que solo pueda ser entendida por aquel a quien la emite.
b) Estas técnicas utilizan una clave y unas pautas que indican cómo emplear la clave para codificar información.
c) Se trata de un conjunto de técnicas que permiten comunicar la información de forma que pueda ser entendida por todo aquel a quien la emite.
d) Todas son correctas.

6. **Los certificados electrónicos se obtienen de:**

a) Las autoridades de certificación o prestadores de servicios de certificación como la ACCV, la Fábrica Nacional de Moneda y Timbre-Real Casa de la Moneda.
b) En los estancos.
c) En las oficinas de la Administración Pública.
d) En las sedes electrónicas.

7. **Las razones por las que se extingue un certificado:**

a) Expiración del periodo de validez resolución judicial o administrativa que lo ordene.
b) Revocación por el firmante.
c) Violación o puesta en peligro de los datos de creación de firma o utilización indebida de los datos por un tercero.
d) Todas son correctas.

8. **Mediante la implementación de la firma electrónica se genera un documento electrónico que será soporte de:**

a) Documentos públicos, por estar firmados electrónicamente por funcionarios que tengan legalmente atribuida la facultad de dar fe pública, judicial, notarial o administrativa, siempre que actúen en el ámbito de sus competencias con los requisitos exigidos por la ley en cada caso.
b) Documentos expedidos y firmados electrónicamente por funcionarios o empleados públicos en el ejercicio de sus funciones públicas, conforme a su legislación específica.
c) Documentos privados.
d) Todas son correctas.

9. **El Documento Nacional de Identidad es:**

   a) Emitido por la Dirección General de la Policía (Ministerio del Interior), es el documento que acredita, desde hace más de 100 años, la identidad, los datos personales que en él aparecen y la nacionalidad española de su titular.
   b) No es una firma electrónica.
   c) Tienen acceso todos los residentes en España.
   d) Ninguna es correcta.

10. **El DNIe se caracteriza por:**

    a) Ser similar al tradicional y cuya principal novedad es que incorpora un pequeño CD capaz de guardar de forma segura información y de procesarla internamente.
    b) Ser similar al tradicional y cuya principal novedad es que incorpora un pequeño circuito externalizado (chip), capaz de guardar de forma segura información y de procesarla internamente.
    c) Ser similar al tradicional y cuya principal novedad es que incorpora un pequeño circuito integrado (chip), capaz de guardar de forma segura información y de procesarla internamente.
    d) Contiene información fiscal del contribuyente.

Unidad 2

1. **¿De qué forma se puede relacionar el ciudadano con la Administración Pública?:**

   a) Oficinas de atención presencial.
   b) Puntos de acceso electrónico.
   c) Servicios de atención telefónica.
   d) Todas son correctas.

2. **¿Cuál de los siguientes se encuentra entre los canales de asistencia para el acceso de la ciudadanía a los servicios electrónicos?:**

   a) El correo electrónico.
   b) Las redes sociales.
   c) Los portales de internet y sedes electrónicas.
   d) Todas son correctas.

3. **¿Cuál no es una definición correcta acerca de una wiki?:**

   a) Es un sitio web cuyas páginas web pueden ser editadas por un único voluntario a través del navegador web.
   b) Es un sitio web cuyas páginas web pueden ser editadas por múltiples voluntarios a través de un procesador.
   c) Es un sitio web cuyas páginas web deben ser editadas por múltiples voluntarios a través del navegador web.
   d) Ninguna es correcta.

4. **¿Qué es un blog?:**

   a) Es un sitio web no periódicamente actualizado que recopila cronológicamente textos o artículos de uno o varios autores, apareciendo primero el más reciente, donde el autor conserva siempre la libertad de dejar publicado lo que crea pertinente.
   b) Es un sitio web periódicamente actualizado que recopila cronológicamente textos o artículos de uno o varios autores, apareciendo primero el más reciente, donde el autor conserva siempre la libertad de dejar publicado lo que crea pertinente.
   c) Es un sitio web periódicamente actualizado que recopila cronológicamente textos o artículos de uno o varios autores, apareciendo primero el más antiguo, donde el autor conserva siempre la libertad de dejar publicado lo que crea pertinente.
   d) Ninguna es correcta.

5. ¿Cuál es la Web que se conoce como cerebral?:

    a) La Web 2.0.
    b) La Web 3.0.
    c) La Web 4.0.
    d) La Web 5.0.

6. ¿Cuál no es una definición correcta sobre navegador o navegador web?:

    a) Es un programa que permite visualizar la información que contiene una página web (solo en un servidor local).
    b) Es un programa que no permite visualizar la información que contiene una página web (ya se encuentre alojada en un servidor dentro de la World Wide Web o en un servidor local).
    c) Es parecido a un programa que permite visualizar la información que contiene una página web (ya se encuentre alojada en un servidor dentro de la World Wide Web o en un servidor local).
    d) Ninguna es correcta.

7. Con el fin de evitar la existente brecha digital, lleva años realizando acciones formativas en esta línea denominada eje de capacitación a través del:

    a) Plan Avanza.
    b) Plan Internet.
    c) Plan Avanzit.
    d) Plan Concilia.

8. Identifica la respuesta correcta en relación con la Ley 39/2015, del Procedimiento Administrativo Común de las Administraciones Públicas:

    a) La asistencia de las Administraciones Públicas hacia todos los interesados del procedimiento es obligatoria.
    b) Si alguno de los interesados no dispone de los medios electrónicos necesarios tendrá que realizar las gestiones de forma presencial.
    c) Todos los funcionarios que presenten servicios en las oficinas de asistencia en materia de registro deberán estar inscritos en un registro especial.
    d) Todas son correctas.

9. **La Ley 39/2015 reconoce el derecho a conocer, en cualquier momento, el estado de tramitación de sus procedimientos y a obtener copias de documentos contenidos en ellos a:**

   a) Los interesados.
   b) Los ciudadanos.
   c) Son correctas a) y b).
   d) Ninguna es correcta.

10. **La Administración está obligada a dictar resolución expresa en:**

    a) Los procedimientos iniciados de oficio solamente y a notificarla cualquiera que sea la forma de iniciación.
    b) Los procedimientos iniciados a instancia de parte solamente y a notificarla cualquiera que sea la forma de iniciación.
    c) Todos los procedimientos y a notificarla cualquiera que sea la forma de iniciación.
    d) Ninguna es correcta.

Unidad 3

1. La vigente Ley de ordenación del comercio minorista es la:

    a) Ley 34/2002.
    b) Ley 7/1996.
    c) Ley 7/1998.
    d) Ley 39/2015.

2. ¿Qué Ley es la norma reguladora del comercio electrónico y de otros servicios de internet cuando sean parte de una actividad económica?:

    a) Ley 7/1996.
    b) Ley 7/1998.
    c) Ley 34/2002.
    d) Ley 39/2015.

3. La propiedad mediante la cual se garantiza el acceso a la información exclusivamente por los usuarios autorizados a ello recibe el nombre de:

    a) Confidencialidad de la información.
    b) Integridad de la información.
    c) Restricción de la información.
    d) Disponibilidad de la información.

4. Quien preste servicios de comercio electrónico estará obligado a suministrar en su página web la información de forma:

    a) Permanente.
    b) Fácil.
    c) Gratuita.
    d) Todas son correctas.

5. El alojamiento de datos de terceros a través de internet recibe el nombre de:

    a) Phishing.
    b) Holding.
    c) Hosting.
    d) Todas son correctas.

6. **Los terceros que alojan datos:**

    a) No serán responsables por la información almacenada a petición del destinatario nunca.
    b) Serán responsables, siempre que no tengan conocimiento efectivo de que la actividad o la información almacenada es ilícita o de que lesiona bienes o derechos de un tercero susceptibles de indemnización.
    c) Siempre serán responsables.
    d) Tienen una "obligación general" de supervisar todos los contenidos transmitidos o alojados.

7. **¿Qué es el PayPal?:**

    a) Una tarjeta de crédito.
    b) Un sistema de pago online.
    c) Un TPV virtual.
    d) Una lista de vulnerabilidades.

8. **¿Qué es Bugtraq?:**

    a) Una tarjeta de crédito.
    b) Un sistema de pago online.
    c) Un TPV virtual.
    d) Una lista de vulnerabilidades.

9. **La estructura de software o secuencia de acciones cuyo objetivo es el aprovechar una vulnerabilidad en un sistema para conseguir un comportamiento no deseado del mismo, recibe el nombre de:**

    a) Heurística.
    b) Firmas.
    c) Exploit.
    d) Bugtraq.

10. **La técnica de indagación y descubrimiento basada en la experiencia, recibe el nombre de:**

    a) Heurística.
    b) Firmas.
    c) Exploit.
    d) Bugtraq.

Unidad 4

1. **¿Qué funciones de seguridad pretende cumplir la firma de seguridad electrónica?:**

   a) Integridad.
   b) Momento de la firma.
   c) Identificación del firmante.
   d) Todas son correctas.

2. **Consideramos que un sistema de firma electrónica debe conseguir que el contenido del mensaje no sufra ninguna modificación accidental o intencionada una vez haya sido firmado. Se denomina:**

   a) Integridad.
   b) Fiabilidad.
   c) Evidencia.
   d) Conformidad.

3. **Para obtener un certificado, la acreditación de la identidad se puede hacer:**

   a) Online, exclusivamente.
   b) En persona.
   c) Online o físicamente, dependiendo del nivel de seguridad.
   d) Como el solicitante quiera.

4. **¿Qué información hay que introducir para descargar el certificado?:**

   a) Nº del documento de identificación.
   b) Primer apellido.
   c) Código de solicitud.
   d) Todas son correctas.

5. **Todas las entidades pueden emitir certificados:**

   a) Verdadero.
   b) Falso.

6. Las principales y más importantes garantías que ofrece la firma electrónica son (señale la opción incorrecta):

   a) Autentificación.
   b) Integridad.
   c) Detección de mensaje faltantes en una secuencia.
   d) No repudio.

7. ¿Cuál de los siguientes trámites permite realizar el certificado digital a la persona física?:

   a) Presentación y liquidación de impuestos.
   b) Consulta de multas de circulación y de asignación de colegios electorales.
   c) Actuaciones comunicadas y cumplimentación de los datos de censo de población y viviendas.
   d) Todas son correctas.

8. Qué significan las siglas FNMT?:

   a) Fondo Nacional Monetario Tarifario.
   b) Fondo de Negocios y Ciencias Administrativas, por sus siglas en inglés.
   c) Fábrica Nacional de Moneda y Timbre.
   d) Fundación Nacional de Moneda y Timbre.

9. ¿A quién corresponde velar porque los prestadores cualificados de servicios electrónicos de confianza puedan contribuir a la elaboración de la norma reglamentaria prevista en el art. 7 de la Ley 6/2020, de 11 de noviembre?:

   a) Al Ministerio competente en transformación Digital.
   b) Al IZENPE.
   c) A la autoridad de certificación.
   d) Al CERT.

10. Es una autoridad de certificación reconocida en la que se puede obtener un certificado digital:

    a) ACCM.
    b) CATCer.
    c) AND.
    d) ACA.

Unidad 5

1. **¿Qué es la autodeterminación informativa?:**

    a) El marcado de los datos de carácter personal conservados, con el fin de limitar el tratamiento en el futuro.

    b) El derecho que reconoce a la persona la facultad de decidir cómo y cuándo está dispuesta a permitir que sean difundidos sus datos o a difundirlas ella misma.

    c) El tratamiento de datos personales de forma que ya no se puedan atribuir a un interesado sin utilizar información adicional, siempre que esta información conste por separado y esté sujeta a medidas técnicas y organizativas destinadas a garantizar que los datos personales no se atribuyen a una persona física identificada o identificable.

    d) Cualquier manifestación de voluntad libre, específica, informada e inequívoca por la cual el interesado acepta, mediante una declaración o una acción afirmativa clara, el tratamiento de datos personales que lo afectan.

2. **¿Cuál de las siguientes afirmaciones es falsa?:**

    a) El tratamiento de los datos de carácter personal requerirá el consentimiento inequívoco del afectado, salvo que la ley disponga otra cosa.

    b) No hará falta el consentimiento cuando los datos de carácter personal se recojan para el ejercicio de las funciones propias de las Administraciones Públicas en el ámbito de sus competencias.

    c) Pueden ser objeto de tratamiento los datos de carácter personal sin el consentimiento del interesado cuando este tratamiento sea necesario para la prevención o para el diagnóstico médico, la prestación de asistencia sanitaria o de tratamientos médicos o la gestión de servicios sanitarios, siempre que el tratamiento de datos, lo efectúe un profesional sanitario sujeto al secreto profesional.

    d) Hace falta el consentimiento del ciudadano para usar sus datos siempre, incluso cuando se han recogido de una fuente accesible al público.

3. **¿Cuál de los siguientes no se pueden considerar datos especialmente protegidos?:**

    a) La salud.

    b) Las opiniones políticas.

    c) El sexo.

    d) Las creencias religiosas.

4. **El responsable del tratamiento tendrá la obligación de hacer efectivo el derecho de acceso en el plazo de:**

a) 10 días.
b) 15 días.
c) 1 mes.
d) 3 meses.

5. **En relación a la necesidad de consentimiento del interesado por el tratamiento de sus datos:**

a) El tratamiento automatizado requerirá siempre el consentimiento inequívoco del interesado.
b) El tratamiento automatizado nunca requerirá el consentimiento inequívoco del interesado cuando la cesión de datos se produzca entre administraciones sea cual sea la finalidad de estas.
c) El tratamiento automatizado requerirá el consentimiento inequívoco del interesado excepto que la información se recoja en fuentes accesibles al público.
d) Ninguna es correcta.

6. **¿Cuál de los siguientes no entra dentro del ámbito de aplicación de la Ley Orgánica 3/2018, de 5 de diciembre?:**

a) A los tratamientos excluidos del ámbito de aplicación del Reglamento general de protección de datos.
b) A los tratamientos de datos de personas fallecidas, salvo determinados casos.
c) A los tratamientos sometidos a la normativa sobre protección de materias clasificadas.
d) Todas son correctas.

7. **La persona física o jurídica, autoridad pública, servicio o cualquier otro organismo que, solo o junto con otros, determina las finalidades y los medios del tratamiento del:**

a) Afectado o interesado.
b) Responsable del tratamiento.
c) Encargado del tratamiento.
d) Destinatario.

8. Los códigos que establecen las condiciones de organización, régimen de funciona-
    miento, procedimientos aplicables, normas de seguridad del entorno, programas
    o equipos y obligaciones de los implicados en el tratamiento y uso de la informa-
    ción personal, así como las garantías, en su ámbito, para el ejercicio de los dere-
    chos de las personas, con pleno respecto a los principios y las disposiciones de la
    Ley, reciben el nombre de:

    a) Lista Robinson.
    b) Códigos tipos.
    c) Fuentes accesibles al público.
    d) Censo.

9. Un software destinado a garantizar la seguridad en las comunicaciones vía Inter-
    net bloqueando las entradas sin autorización al ordenador y restringiendo la salida
    de información recibe el nombre de:

    a) Cortafuegos o firewall.
    b) Antivirus.
    c) Ccleaner.
    d) Hoax.

10. Un troyano es:

    a) Un programa informático que se reproduce a sí mismo en otras zonas de la memo-
       ria del ordenador diferentes a la que ocupa hasta que desborda la capacidad de
       almacenamiento de la memoria.
    b) El virus informático que acostumbra a esconderse bajo la apariencia de un programa
       o aplicación conocida, como por ejemplo compresores de archivos y su ejecución
       provoca efectos no deseados que, en algunos casos, pueden llegar a borrar infor-
       mación sensible de nuestro disco.
    c) Un virus compuesto por conjuntos de órdenes o instrucciones escritas mediante el
       lenguaje de macros típico de aplicaciones ofimáticas (Word, Excel, Access...) y que,
       al abrir uno de estos documentos infectados, los documentos generados, a partir
       de entonces, estarán también infectados.
    d) Un correo electrónico en que se alerta de virus de nueva creación y se aconseja
       remitir el mismo a todos los usuarios que conozcamos y que lo que persigue es, en
       realidad, dificultar el tráfico de información a través de Internet, llegando incluso a
       colapsar algunos servidores de correo electrónico.

Evaluación final

1. **¿Qué afirmación es correcta en lo que se refiere al DNIe?:**

    a) El DNIe tiene incluidos tres certificados que no precisan renovación.
    b) No se puede proceder a la renovación de los certificados electrónicos que contiene el DNIe de forma telemática.
    c) En enero de 2018 nace el DNI 3.0.
    d) Los certificados que contiene el DNIe caducan pasados 30 meses como máximo desde la emisión de los mismos o si la fecha de caducidad del documento es inferior a esos 30 meses.

2. **¿Qué afirmación es falsa en lo que se refiere a la firma electrónica?:**

    a) Cuando se firma electrónicamente un documento conseguimos la integridad del mismo que consiste en que la información no ha sido modificada por alguien no autorizado.
    b) Si tenemos en cuenta que un ordenador no es un dispositivo seguro de creación de firma, las firmas generadas por un certificado software instalado en el ordenador son firmas avanzadas.
    c) Según la Ley 59/2003 de firma electrónica, la firma que puede ser considerada equivalente a la manuscrita recibe el nombre de avanzada.
    d) Según la Ley 59/2003 de firma electrónica, podemos hablar de diferentes tipos de firma electrónica entre ellas la avanzada y la reconocida.

3. **¿Qué afirmación es correcta respecto a la historia de Internet?:**

    a) En 1971 se desarrolló el correo electrónico por Ray Tomlison.
    b) El creador del protocolo HTTP (Protocolo de transferencia de hipertexto) y el protocolo HTML (Lenguaje de marcado de hipertexto) para navegar por las redes a través de hipervínculos, al que podemos considerar como padre de Internet es Tim Berners Lee.
    c) Son correctas a) y b).
    d) Ninguna es correcta.

4. **¿Qué afirmación es falsa respecto a las redes sociales?:**

    a) Un ejemplo de red social dirigida a establecer contactos en el mundo empresarial es LinkedIn.
    b) Un entorno para compartir fotografías es Prezi.
    c) Un entorno para compartir documentos es Google Drive.
    d) Un entorno para compartir videos es YouTube.

5. **Según la Ley 39/2015, ¿qué afirmación es correcta en lo que se refiere a la Administración electrónica?:**

   a) Las empresas están obligadas a relacionarse con las Administraciones Públicas por medios electrónicos.

   b) Los ciudadanos tienen derecho a no aportar documentos que ya obren en las Administraciones Públicas.

   c) Excepcionalmente a una persona física se le puede obligar a realizar un trámite exclusivamente de manera electrónica.

   d) Todas son correctas.

6. **¿Qué afirmación es falsa en relación a los servicios de la sociedad de la información?:**

   a) La vigente Ley de servicios de la sociedad de la información y del comercio electrónico es la Ley 34/2002.

   b) Quien preste servicios de comercio electrónico estará obligado a suministrar en su página web su nombre o denominación social.

   c) La responsabilidad por la comisión de actos ilegales a través de Internet recae exclusivamente sobre la persona autora de los mismos.

   d) Se permite el envío de comunicaciones publicitarias o promocionales por correo electrónico u otro medio de comunicación electrónica equivalente que previamente no hubieran sido solicitadas o expresamente autorizadas por los destinatarios de las mismas si existe un contrato previo.

7. **El código malicioso que, una vez logrado el acceso al sistema, se replica a sí mismo, no suele alterar los archivos existentes, pero sí afecta al rendimiento del sistema, pues consume sus recursos, recibe el nombre de:**

   a) Troyanos.

   b) Gusano.

   c) Sniffers.

   d) Ninguna es correcta.

8. **El periodo de validez de los certificados electrónicos será adecuado a las características y tecnología empleada para generar los datos de creación de firma. En el caso de los certificados reconocidos este periodo no podrá ser superior a:**

   a) 2 años.

   b) 3 años.

   c) 4 anos.

   d) 5 años.

9. **El responsable del tratamiento tendrá la obligación de hacer efectivos los derechos de acceso, rectificación, cancelación y oposición en el plazo de:**

    a) 1 mes para el acceso y 10 días para el resto.
    b) 1 mes en todos los casos.
    c) 10 días para la rectificación y 1 mes para el resto.
    d) 10 días para todos los casos.

10. **¿Qué afirmación es falsa en relación al nuevo Reglamento de Protección de Datos?:**

    a) El Reglamento General de Protección de Datos (RGPD) será de aplicación a partir del día 25 de mayo de 2018.
    b) El Reglamento General de Protección de Datos (RGPD) requiere que el interesado preste el consentimiento mediante una declaración inequívoca o una acción afirmativa clara. A los efectos del nuevo Reglamento, las casillas ya marcadas, el consentimiento tácito o la inacción no constituyen un consentimiento válido.
    c) En la terminología del Reglamento General de Protección de Datos (RGPD) se establece que la seudonimización es el tratamiento de datos personales de forma que ya no se puedan atribuir a un interesado sin utilizar información adicional, siempre que esta información conste por separado y esté sujeta a medidas técnicas y organizativas destinadas a garantizar que los datos personales no se atribuyen a una persona física identificada o identificable.
    d) La persona física o jurídica, autoridad pública, servicio o cualquiera otro organismo que, solo o conjuntamente con otros, trate datos personales por cuenta de otro es el responsable del tratamiento.

TEST DE UNIDADES DIDÁCTICAS

SOLUCIONES

Unidad 1

1. **d)** Todas son correctas.

2. **a)** Una clave pública y los datos de su propietario, todo ello firmado por un tercero de confianza.

3. **d)** Cinco años.

4. **b)** Es el conjunto de datos en forma electrónica, consignados junto a otros o asociados con ellos, que pueden ser utilizados como medio para identificar al firmante.

5. **b)** Estas técnicas utilizan una clave y unas pautas que indican cómo emplear la clave para codificar información.

6. **a)** Las autoridades de certificación o prestadores de servicios de certificación como la ACCV, la Fábrica Nacional de Moneda y Timbre-Real Casa de la Moneda.

7. **d)** Todas son correctas.

8. **d)** Todas son correctas.

9. **d)** Ninguna es correcta.

10. **c)** Ser similar al tradicional y cuya principal novedad es que incorpora un pequeño circuito integrado (chip), capaz de guardar de forma segura información y de procesarla internamente.

Unidad 2

1. **d)** Todas son correctas.

2. **d)** Todas son correctas.

3. **d)** Ninguna es correcta.

4. **b)** Es un sitio web periódicamente actualizado que recopila cronológicamente textos o artículos de uno o varios autores, apareciendo primero el más reciente, donde el autor conserva siempre la libertad de dejar publicado lo que crea pertinente.

5. **c)** La Web 4.0.

6. **d)** Ninguna es correcta.

7. **a)** Plan Avanza.

8. **c)** Todos los funcionarios que presenten servicios en las oficinas de asistencia en materia de registro deberán estar inscritos en un registro especial.

9. **a)** Los interesados.

10. **c)** Todos los procedimientos y a notificarla cualquiera que sea la forma de iniciación.

Unidad 3

1. *b)* *Ley 7/1996.*

2. *c)* *Ley 34/2002.*

3. *a)* *Confidencialidad de la información.*

4. *d)* *Todas son correctas.*

5. *c)* *Hosting.*

6. *b)* *Serán responsables, siempre que no tengan conocimiento efectivo de que la actividad o la información almacenada es ilícita o de que lesiona bienes o derechos de un tercero susceptibles de indemnización.*

7. *b)* *Un sistema de pago online.*

8. *d)* *Una lista de vulnerabilidades.*

9. *c)* *Exploit.*

10. *a)* *Heurística.*

Unidad 4

1. *d)* *Todas son correctas.*

2. *a)* *Integridad.*

3. *b)* *En persona.*

4. *d)* *Todas son correctas.*

5. *b)* *Falso.*

6. *c)* *Detección de mensaje faltantes en una secuencia.*

7. *d)* *Todas son correctas.*

8. *c)* *Fábrica Nacional de Moneda y Timbre.*

9. *a)* *Al Ministerio competente en transformación Digital.*

10. *d)* *ACA.*

Unidad 5

1. **b)** El derecho que reconoce a la persona la facultad de decidir cómo y cuándo está dispuesta a permitir que sean difundidos sus datos o a difundirlas ella misma.

2. **d)** Hace falta el consentimiento del ciudadano para usar sus datos siempre, incluso cuando se han recogido de una fuente accesible al público.

3. **c)** El sexo.

4. **c)** 1 mes.

5. **c)** El tratamiento automatizado requerirá el consentimiento inequívoco del interesado excepto que la información se recoja en fuentes accesibles al público.

6. **d)** Todas son correctas.

7. **b)** Responsable del tratamiento.

8. **b)** Códigos tipos.

9. **a)** Cortafuegos o firewall.

10. **b)** El virus informático que acostumbra a esconderse bajo la apariencia de un programa o aplicación conocida, como por ejemplo compresores de archivos y su ejecución provoca efectos no deseados que, en algunos casos, pueden llegar a borrar información sensible de nuestro disco.

Evaluación final

1. **b)** No se puede proceder a la renovación de los certificados electrónicos que contiene el DNIe de forma telemática.

2. **c)** Según la Ley 59/2003 de firma electrónica, la firma que puede ser considerada equivalente a la manuscrita recibe el nombre de avanzada.

3. **c)** Son correctas a) y b).

4. **b)** Un entorno para compartir fotografías es Prezi.

5. **d)** Todas son correctas.

6. **c)** La responsabilidad por la comisión de actos ilegales a través de Internet recae exclusivamente sobre la persona autora de los mismos.

7. **b)** Gusano.

8. **d)** 5 años.

9. **a)** 1 mes para el acceso y 10 días para el resto.

10. **d)** La persona física o jurídica, autoridad pública, servicio o cualquiera otro organismo que, solo o conjuntamente con otros, trate datos personales por cuenta de otro es el responsable del tratamiento.

GLOSARIO

Autenticación

Procedimiento de comprobación de la identidad de un solicitante o titular de certificados de DNIe.

Certificado CA

AC o CA, por sus siglas en ingles, Certification Authority, es una entidad de confianza, responsable de emitir y revocar los certificados digitales, utilizados en la firma electrónica, para lo que se emplea la criptografía de clave pública.

Certificado de persona física

El certificado digital de persona física es la certificación electrónica que vincula a su suscriptor con unos datos de verificación de firma y confirma su identidad.

Certificado electrónico

Es un documento firmado electrónicamente por un prestador de servicios de certificación que vincula unos datos de verificación de firma a un firmante y confirma su identidad.

Certificados de componente

Son certificados electrónicos para la identificación de servidores o aplicaciones informáticas.

Certificados de identidad pública

Estos certificados vinculan una serie de datos personales del ciudadano a unas determinadas claves, para garantizar la autenticidad, integridad y no repudio. Esta información está firmada electrónicamente por la Autoridad de Certificación creada al efecto.

Chip

Es una pastilla pequeña de material semiconductor, de algunos milímetros, sobre la que se fabrican circuitos electrónicos, generalmente mediante fotografías, y que está protegida dentro de un encapsulado de plástico o cerámica.

Clave Personal de Acceso (PIN)

Es la secuencia de caracteres que permite el acceso a los certificados.

Clave pública y clave privada

La criptografía asimétrica en la que se basa la PKI emplea un par de claves, de manera que lo que se cifra con una de ellas solo se puede descifrar con la otra y viceversa. A una de esas claves se la denomina pública y se la incluye en el certificado electrónico, mientras que a la otra se la denomina privada y únicamente es conocida por el titular del certificado.

Datos de creación de firma (clave privada)

Son los datos, como códigos o claves criptográficas públicas, que se utilizan para verificar la firma electrónica.

Datos de verificación de firma (clave pública)

Son los datos, como códigos o claves criptográficas públicas, que se utilizan para verificar la firma electrónica.

Documento electrónico

Es el conjunto de registros lógicos almacenado en soporte susceptible de ser leído por equipos electrónicos de procesamiento de datos, que contiene información.

EDI

Denominado así por sus siglas en inglés, *Electronic Data Interchange*, es un intercambio electrónico de datos. El sistema EDI permite el intercambio (envío y recepción) de documentos comerciales por vía telegráfica.

Firma electrónica

Conjunto de datos en forma electrónica que se utilizan como medio de identificación del firmante.

Función *hash*

Es una operación que se realiza sobre un conjunto de datos de cualquier tamaño, de forma que el resultado obtenido es otro conjunto de datos de tamaño fijo, independientemente del tamaño original, y que tiene la propiedad de estar asociado unívocamente a los datos iniciales, es decir, es imposible encontrar dos mensajes distintos que generen el mismo resultado al aplicar la función *hash*.

Hash o huella digital

Es el resultado, de tamaño fijo, que se obtiene tras aplicar una función hash a un mensaje y que cumple la propiedad de estar asociado unívocamente a los datos iniciales

Módulo criptográfico hardware de seguridad

Módulo hardware utilizado para realizar funciones criptográficas y almacenar claves en modo seguro.

Prestador de Servicios de Certificación

Persona física o jurídica que expide certificados electrónicos o presta otros servicios en relación con la firma electrónica.

RFID

Denominado así por sus siglas en inglés, *Radio Frecuency IDentification*, es un sistema de almacenamiento y recuperación de datos remoto, que usa dispositivos denominados etiquetas, tarjetas, transpondedores o tags RFID. El propósito de esta tecnología es transmitir la identidad de un objeto mediante ondas de radio.

XML

Denominado así por sus siglas en inglés, *eXtensible Markup Language*, es un metalenguaje extensible de etiquetas desarrollado por el World Wide Web Consortium. Es una simplificación y adaptación de SGML y permite definir la gramática de lenguajes específicos. Por tanto, XML no es realmente un lenguaje en particular, sino una manera de definir lenguajes para diferentes necesidades.

BIBLIOGRAFÍA

WEBGRAFÍA

Bibliografía

- Miguel Ángel Davara Rodríguez, "Acceso electrónico de los ciudadanos a los servicios públicos". Editorial La Ley, Madrid. Edición 2010.

- David López Homedes, "La Administración Electrónica, a través de la Ley 11/2007, de 22 de junio, de acceso electrónico de los ciudadanos a los Servicios Públicos". Editorial Lulu.com. Edición 2010.

- Rubén Martínez Gutiérrez, "Administración Pública Electrónica". Editorial Civitas, Madrid 2009.

WEBGRAFÍA

- **Real Decreto 203/2021, de 30 de marzo, por el que se aprueba el Reglamento de actuación y funcionamiento del sector público por medios electrónicos**

  https://www.boe.es/buscar/act.php?id=BOE-A-2021-5032

- **Ley Orgánica 3/2018, de 5 de diciembre, de Protección de Datos Personales y garantía de los derechos digitales**

  https://www.boe.es/buscar/act.php?id=BOE-A-2018-16673

- **Camefirma**

  https://www.camerfirma.com/

- **CERES**

  https://www.cert.fnmt.es/

- **DNI y Pasaporte - Cuerpo Nacional de Policía**

  https://www.dnielectronico.es/PortalDNIe/

- **Agencia Tributaria**

  https://sede.agenciatributaria.gob.es/

- **FNMT**

  https://www.sede.fnmt.gob.es/certificados/persona-fisica